Wenn Sterbebegleitung an ihre Grenzen kommt

- Motivationen
- Schutzräume
- Problemfelder

Herausgegeben von
Hubert Böke, Georg Schwikart und Michael Spohr

Gütersloher Verlagshaus

Die Deutsche Bibliothek – CIP-Einheitsaufnahme

Wenn Sterbebegleitung an ihre Grenzen kommt: Motivationen – Schutzräume – Problemfelder / hrsg. von Hubert Böke … – Gütersloh: Gütersloher Verl.-Haus, 2002
ISBN 3-579-03287-9

Dieses Werk folgt der reformierten Rechtschreibung und Zeichensetzung. Ausnahmen bilden Texte, bei denen künstlerische, philologische oder lizenzrechtliche Gründe einer Änderung entgegenstehen.

Umwelthinweis:
Dieses Buch wurde auf chlorfrei gebleichtem und alterungsbeständigem Papier gedruckt. Die vor Verschmutzung schützende Einschrumpffolie ist aus umweltschonender und recyclingfähiger PE-Folie.

ISBN 3-579-03287-9

Umschlaggestaltung: Init GmbH, Bielefeld, unter Verwendung von zwei Seidenmalereien einer Sterbenden, © Hubert Böke, Leverkusen
Satz: Weserdruckerei Rolf Oesselmann GmbH, Stolzenau
Druck und Bindung: Těšínská Tiskárna AG, Český Těšín
Printed in Czech Republic

www.gtvh.de

Inhalt

Vorwort der Herausgeber

Der Titel dieses Buches will es schon deutlich machen: Wir haben Themen gestellt, die ein wenig tiefere Einblicke in die »Hospiz-Werkstatt« geben. Hier werden Grenzerfahrungen thematisiert, die meist erst in geschützten Räumen wie der Gruppensupervision oder in Einzelgesprächen mit Sterbe- und Trauerbegleiterinnen und -begleitern zur Sprache kommen.

Ekel, Nähe und Distanz, Sexualität, Glaube und Sterben, Motivationen zur Mitarbeit, Pseudo-Halluzinationen, Märchen als Wegbegleiter, biografische Impulse, Nicht-sprachliche Kommunikation, Burn-out, Pflegesituation, alles dies sind wichtige Aspekte, die wir von kompetenten Autorinnen und Autoren bearbeiten ließen. Dies mag helfen, dass die hospizlichen Grundhaltungen in der Begleitung von Schwerkranken und Sterbenden sowie deren Angehörigen Wirklichkeit werden, d.h. ihre heilende und tröstende Kraft entfalten können. In erster Linie gehört dazu der Respekt, ja die Ehrfurcht vor der Einzigartigkeit eines jeden Menschen, die immer neue Offenheit für Entwicklungen, gerade in der letzten Zeit des Lebens. Dazu gehört aber auch die eingeübte Aufmerksamkeit für sich selbst als Begleitende/r, für die eigenen Grenzen und Grenzüberschreitungen.
Zielgruppen unseres Buches sind insofern alle, die sich in der Begleitung und Begegnung mit Sterbenden und deren Angehörigen engagieren: die ehrenamtlich tätigen Hospizmitarbeitenden in ambulanten und (teil-) stationären Hospizen, die Verantwortlichen für Koordination und Vereinsführung, die Referentinnen und Referenten in diesem Bereich, aber auch alle Berufsgruppen, die mit Sterbenden und ihren Angehörigen in Berührung sind, diese begleiten. Nicht zuletzt wollen wir aber auch die betroffenen Angehörigen selber ansprechen.

Die Hospizbewegung hat schon große Auswirkungen auf die Vermenschlichung des Sterbens in unserer Gesellschaft geleistet, sie wird sich daran messen lassen, ob ihr dies fortlaufend gelingt. Auch ein Buch wie das vorliegende kann und soll einen eigenen Beitrag dazu leisten. Dies kann es umso besser, wenn die Leserinnen und Leser über die angesprochenen Themen miteinander ins Gespräch kommen, ihre eigenen Erfahrungen »mit ins Spiel« bringen und Sterbebegleitung lebendig wird.

Wir hoffen, dass diese Praxisorientierung bzw. der beabsichtigte Praxisnutzen unseres Buches eintritt. Vielleicht mögen Sie, liebe Leserin, lieber

Leser, uns und den Autorinnen und Autoren dazu eine Rückmeldung geben.

Unser Dank geht an alle, die am Buch mitgewirkt haben, die sich von der Idee, ein etwas anderes Hospizbuch zu schreiben, angesprochen fühlten. Ganz besonders danken wir Herrn Klaus Altepost vom Gütersloher Verlagshaus, der die Initiative übernahm und ein wesentlicher »Motor« im Werden des Buches war.

Leverkusen, Sankt Augustin und Frechen, im September 2001

Hubert Böke, Georg Schwikart und Michael Spohr

»Wenn Sterbebegleitung an ihre Grenzen kommt ...« Die letzte Grenze ist der Tod selbst: Als dieses Buch in Druck gehen sollte, erhielten wir die Nachricht, dass Michael Spohr seinem Krebsleiden erlegen sei. Er, der so vielen Menschen auf dem Weg zum Tod zur Seite stand, er, der der ganzen Hospizbewegung wertvolle Impulse gab, er musste nun selbst jene Schwelle überschreiten, über die wir niemanden begleiten können.
Wir würdigen seine Beiträge in diesem Werk als sein Vermächtnis: Es ist eine lohnenswerte Aufgabe, sich für ein menschenwürdiges Leben und Sterben einzusetzen. In diesem Sinne wollen wir mit vielen anderen, die ihm begegnen durften und mit ihm zusammenarbeiteten, das Andenken an Michael Spohr bewahren.

5. November 2001 *Hubert Böke und Georg Schwikart*

Wenn Sterbebegleitung an ihre Grenzen kommt
Einleitung

Monika Müller

Menschen, die in der Begleitung Sterbender und Trauernder stehen, wissen, zum Teil auch aus leidvoller und ohnmächtiger Erfahrung, dass Grenzerfahrungen immer mitgehen, ja mitgehen müssen. Gerade in einem gelingenden Beistand eines Menschen an seinem Lebensende, in dem man sich nahe und so wie Freund geworden ist, ist es die immer wieder schmerzliche Erfahrung, dass man nicht wirklich bis zuletzt miteinander gehen kann. An irgendeinem Punkt bleibt der Sterbende allein und auf sich zurückgeworfen. Hier geht niemand mehr mit, hier bleiben die noch zu diesem Leben Gehörenden zurück.

Ein miteinander alt gewordenes Ehepaar in den Siebzigern stritt sich immer wieder liebevoll darum, wer als Erster gehen dürfe und wer den Schmerz des Abschieds eher aushalten könne. Einig war man sich in dem Versprechen, bis »zum letzten Atemzug« an der jeweiligen Seite des anderen zu bleiben und ihm die letzte Lebenszeit zu erleichtern, ja sogar zu versüßen. Man wolle ehrlich über alles reden und alles miteinander teilen, so wie man ja auch früher miteinander gelebt hatte. Und im allerletzten Augenblick wolle man einander bei der Hand halten und sich in die Augen schauen, bis das eine Augenpaar brechen würde.
Und es kam ganz anders. Die Frau war infolge einer Hirnmetastasierung eines Tumorleidens Monate vor ihrem Tode nicht mehr ansprechbar und musste wegen der nicht mehr häuslich leistbaren Pflegebedürftigkeit in einem Heim untergebracht werden. Sie schien ihren Mann, der sie täglich besuchte und anfangs viele Stunden an ihrem Bett saß, nicht mehr zu erkennen. Wenn sie sprach, so waren es zusammenhangslose Worte in einer Fäkaliensprache, die beiden vorher nicht geläufig gewesen war. Auch schlug sie nach ihrem Mann, wenn er sich über sie beugte und sie in einer vertrauten Umarmung ein wenig halten wollte. Der alte Mann war sehr verzweifelt, gab aber irgendwann sein früheres Versprechen ihr gegenüber auf, weil er den Kontakt so nicht aushielt und fürchtete, die letzten Begegnungen mit seiner Frau könnten die spätere Erinnerung an die Vielgeliebte trüben oder sogar gänzlich zerstören.

Das Beispiel mag zeigen, dass es ein Akt der Ehrlichkeit scheint, Begleitung bis zum Schluss als vorauszusetzendes Endziel kritisch zu hinterfragen und als einen der ideologischen Bestandteile der Hospizarbeit zu enttabuisieren.

Die Grenze, die durch Sterben und Tod gesetzt ist, gilt es zu akzeptieren, auch wenn wir uns immer dessen gewiss sein können, dass diese Grenze flexibel, verschiebbar und manchmal sogar willkürlich zu sein scheint, aber immer vorhanden. Das Sterben ist der letzte Teil des Lebens, setzt sich aber als dieser durchaus vom unbekümmerten, unbeschwerten und unbelasteten Existieren ab. Dadurch, dass er so direkt im Angesicht und Schatten des endgültigen Todes abläuft, grenzt er sich von allem Vorigen und von allen sich im Vorigen Befindlichen ab und auch aus.
Natürlich tragen wir Begleitende den Keim des Seitenwechsels schon immer in uns, aber es wäre ein sehr enttäuschender Trugschluss zu glauben, dass diese unsere grundsätzliche »Todeszugehörigkeit« schon genügt, dem Sterbenden immer nahe sein, ihm überallhin folgen und ihm unsere verlässliche Begleitung angedeihen lassen zu können. Der sterbende Mensch, so sehr er auch noch in diesem unseren Leben anwesend und tätig sein mag, ist mit einem entscheidenden Teil seines Wesens schon woanders und uns voraus. Uns werden dann manches Mal er und sein Sein schon seltsam und fern, obschon das gemeinsame Leben uns noch eint. Dies mag dazu führen, dass wir eine Art Scheu empfinden, uns ihm noch mit Alltäglichem und Banalem zu nähern, was er seinerseits dann bereits mit einem Gefühl des Abgeschobenwerdens und Nicht- mehr- Dazugehören-Dürfens schmerzlich bemerkt. Da stehen wir an einer Grenze, die wir als trennend erleben, weit vor dem endgültigen Abschied.
Eine andere Grenzerfahrung kann darin liegen, dass der Mensch, der uns wert und nahe ist, sich nicht oder nicht mehr mitteilt. Ein Leben waren wir miteinander vertraut, sind einen langen Weg der Ehe, der Freundschaft, der Kollegialität, des gemeinsamen Arbeitslebens oder der Ausübung uns verbindender Interessen miteinander gegangen, haben manches geteilt, und nun lässt der andere nicht teilhaben, verstummt im Kontakt. Voller Fragen und Bitten, gestellten oder unausgesprochen, stehen wir am äußeren Kreis seines Daseins, bereit und wartend, – und er hat sich entschlossen, es mit sich alleine abzumachen. Wir würden es uns für uns selber so sehr wünschen, zu teilen, wir glauben, dass es ihn und uns erleichtern würde, Dinge auszusprechen oder zu klären, – allein, er schweigt. In dieser ohnmächtigen Grenzerfahrung lernen wir zu verstehen, dass wir ihn nicht zwingen können und dürfen, dass es nun weniger um uns und das Erfüllen unserer Wünsche geht, sondern dass unser letzter großer Liebesdienst darin bestehen kann, ihn in seiner ihm eigenen Art zu belassen und seinen Umgang mit Leben und Tod und den letzten Dingen mitzutragen. »Ich kann meinen Tod niemand anders überlassen«, sagt Lotte zu Max im Buch »Die Erbschaft«[1] der niederländischen Schriftstellerin Connie Palmen. Vielleicht ist es ja gerade viel mehr als

Teilen: den Schritt zurück zu tun und dem anderen zu gestatten, seinen Weg in seiner Art zu Ende gehen zu dürfen und keine Rücksicht nehmen zu müssen auf mich als Begleiter und auf meine Bedürfnisse. Dass der andere diesen größten und persönlichsten Teil seines Lebens so zu Ende bringt, wie er für ihn allein stimmig ist, ist mein letztes Geschenk an ihn.
Es gibt noch eine Grenze, die ebenfalls vom Sterbenden gezogen wird und an welcher der Begleiter nicht beteiligt oder sie zu ändern aufgerufen ist: die des Todeszeitpunkts. In der Trauerbegegnung und in Supervisionen hören wir immer wieder die Klage und das häufig damit verbundene Schuldgefühl, in dem Augenblick des Überganges vom Leben in den Tod nicht zugegen gewesen zu sein. »Ich war eben einmal eine Zigarette rauchen«, »Ich habe mich gerade einmal kurz hingelegt«, »Ich wollte mir im Moment einen Kaffee holen« ..., und ausgerechnet da ist der geliebte Mensch verstorben.

»In diesem Augenblick war Iwan Iljitsch ins Loch hineingefallen und sah das Licht ... Da fühlte er, dass jemand seine Hand küsste. Er öffnete die Augen und sah seinen Sohn. Er tat ihm Leid. Seine Frau kam zu ihm ... sie blickte ihn mit verzweifelter Miene an ... Tränen rannen ihr auf die Nase und die Backen. Sie tat ihm Leid. »Ja, ich quäle sie«, dachte er. »Ich tue ihnen Leid, aber ihnen wird besser sein, wenn ich gestorben bin.« Er wollte ihnen das sagen, aber es ging über seine Kräfte. ... Er sah die Frau an mit einem Blick auf seinen Sohn und sagte: »Führe ihn hinaus ... auch du.« ... Sie taten ihm Leid, er musste etwas tun, dass sie nicht mehr zu leiden brauchten; er musste sie retten und sich selber von den Leiden retten.«[2]

Sicher würde es zu weit führen, den Zeitpunkt des Todes einzig der klaren Entscheidung des sterbenden Menschen anzulasten und immer mit dem Gedanken der Schonung der nächsten Angehörigen in Verbindung bringen zu wollen, aber häufig genug erleben wir, dass Schwerstkranke offenbar nicht zufällig und fast ohne Vorboten gerade dann aus dem Leben gehen, wenn ihre Nächsten das Zimmer verlassen haben. Vielleicht ist dann das Hinübergehen leichter möglich. Jedenfalls erleben Freunde und Familien diese doppelte Grenzziehung auch als doppelt schmerzlich, weil sie ihre Anwesenheit als Hilfe und Beistand einschätzen und vermuten, dass der geliebte Mensch sich im Stich gelassen und ohne Unterstützung fühlte in diesem ihm schwersten Augenblick. So ist auch dieses hospizideologische, für sich gesetzte Axiom »An der Hand eines anderen sterben ...« durchaus hinterfragenswert, weil die Mehrzahl der Sterbesituationen anders ist, und dies nicht etwa wegen der Lieblosigkeit oder Abwesenheit der Angehörigen.
Wie in vielen Situationen der Begleitung hilft auch hier die Frage weiter: Wem wäre es zum Nutzen gewesen und wem hätte es gedient, wenn es anders gewesen wäre? Vielleicht in diesem Fall nur dem Trost des Hinterbliebenen

oder der Linderung seines schlechten Gewissens. Das aber sollte nicht der Maßstab von Begleitung sein, dass der sterbende Mensch sich seinem Begleiter oder dessen Wohlgefühl zuliebe irgendwie verhält.
Die Grenzen der Sterbebegleitung liegen aber nicht nur in ihr selbst, dem Phänomen des Sterbens oder den sterbenden Menschen begründet, sondern sind vielfach auch in den Begleitenden beheimatet. Es kann sehr hilfreich sein, das zu wissen, bei sich zu erkennen und zu akzeptieren, um nicht einem zu hohen Ideal hinterherzulaufen und dann gegebenenfalls bitter enttäuscht zu sein über sich.

An einem schönen Sommerabend saßen wir nach einer Jubiläumsfeier noch lange mit den Mitarbeiterinnen im Garten des Hospizes zusammen. Ich hatte zu meinem Festvortrag zum Thema Würde ein begeistertes Feed-back erhalten. Wir waren bester Laune, plauderten, lachten, tranken uns zu und ließen es uns wohl sein. Nach und nach gesellten sich noch zwei Bewohnerinnen dazu, die sehr deutlich von ihrer schweren Erkrankung und dem nahen Ende gezeichnet waren. Eine der beiden war besonders stark abgemagert, ihre ohnehin schmalen Hände waren gelb und hatten in der verkrampften Haltung Ähnlichkeit mit Vogelkrallen, mit denen sie viel und heftig gestikulierte. Ich merkte, wie mein Blick sich immer wieder von diesen Händen angezogen fühlte und ich mich davon zunehmend in meiner leichten Stimmung und Feierlaune beeinträchtigt fühlte. So genau wollte ich mich an diesem lauen Abend nicht an mein eigenes Älterwerden und an das Sterben erinnert fühlen. Diese Hände waren mir ein grausamer Fingerzeig, in dessen Richtung ich aber gerade an diesem Abend nicht schauen wollte. Umso beschämter war ich, als ich sah, wie mein Kollege diese Hände während des weiteren Gesprächs in seine nahm, sie dort behielt und immer wieder ruhig streichelte. Er setzte das selbstverständlich um, wofür ich nur große Worte gefunden hatte.

Unwillen und sogar Abscheu sind durchaus Grenzen, die auch wir Begleiter setzen können. Sterbenden Menschen zu begegnen und ein Stück des Wegs mit ihnen zu gehen, ist eine hohe Anforderung, die manches Mal im Widerstreit zu stehen meint mit unserer Lebensfreude und unserem Lebensgenuss. Im Mitfühlen lösen sich die Trennungslinien zwischen ihnen und mir auf. »Das ganze Konzept des Mitgefühls beruht auf einem scharfen Bewusstsein der wechselseitigen Abhängigkeit aller Lebewesen, die alle Teil voneinander und miteinander verwoben sind.«[3] Zu deutlich mahnt das Bild eines aus dem Leben gehenden Menschen an unsere Vergänglichkeit und an unser ebenso sicheres Ende. Manchmal können wir uns dann nur »retten«, indem wir wegschauen oder indem wir einfach so tun, als beträfe uns dieser sichtbare Verfall nicht, indem wir dieses unerträgliche Bild abspalten von uns und uns ihm in unseren Gefühlen entgegenstellen. Im Abscheu ziehen wir die sonst so sanfte Trennungslinie zwischen uns und dem anderen als harten, unüberwindbaren Graben, um uns dann jenseits dieser Linie heil und sicher zu fühlen. Erst, wenn wir mit dem anderen nichts mehr zu tun haben, wenn wir die Ähnlichkeit zwischen ihm und uns »verscheucht« haben, kann uns sein Schicksal nicht treffen, so glauben wir dann. Der Abscheu verhilft uns zur Illusion der Getrenntheit und der Differenzierung des Ich, obschon oder weil wir gerade in unseren Tiefen wissen, wie sehr wir in Wirklichkeit vereint und sogar schon Teil voneinander sind. Dies anzuerkennen ist aber eine solch große Denk- und Gefühl-Leistung, dass wir sie nur gelegentlich und punktuell vollbringen können.

Hier sind viele Fragen zu stellen, Fragen an uns, Fragen an die Institutionen und Dienste, innerhalb derer wir Begleitung tun, Fragen an unsere Supervisoren und Praxisbegleiter:

- nach der Motivation des Tuns,
- nach dem Maß der »Todverträglichkeit« in diesem Tun,
- nach dem Umgang mit Ekel,
- nach der Notwendigkeit eines Schutzraumes inmitten aller Nähe,
- nach dem, was zum Sterben »passt« oder »nicht passt«, wie sexuelle Bedürfnisse oder das Dahersagen von vermeintlichem Unfug,
- nach verständlichen und mehr noch unverständlichen Bildern,
- nach unserem Drang, verstehen zu wollen,
- nach unserem Drang, begleiten zu wollen.

Es scheint so, dass Sterbebegleitung nicht nur Grenzerfahrungen in sich birgt, sondern selber eine einzige große Grenzwanderung entlang des eigenen Seins ist.

Anmerkungen

1. *Connie Palmen:* Die Erbschaft, Zürich 2001.
2. *Leo N. Tolstoj:* Der Tod des Iwan Iljitsch, Frankfurt 1961.
3. *Thomas Merton:* Marxism and Monastic Perspectives, in: John Moffit (Hg.): A New Charter for Monasticism, Notre Dame 1970.

Wie viel Tod verträgt der Mensch?

Georg Schwikart

Der Mann hatte abends das Haus verlassen, um joggen zu gehen. Das tat er fast jeden Tag. Als er bis Mitternacht nicht wieder daheim war, informierte die Frau die Polizei. So etwas komme vor, beruhigte man sie, vielleicht habe er einen Freund getroffen und sei in einer Kneipe versackt. – Sechs Wochen später spülte der Rhein einen Leichnam an Land. Äußere Merkmale von Gewalteinwirkung waren nicht ersichtlich. Die Frau musste diesen leblosen Körper als den ihres Mannes identifizieren.
Als sie mir, dem Trauerredner, diese Geschichte erzählte, wirkte sie eigentümlich gelassen. Mag sein, sie war beruhigt, endlich Klarheit über das Schicksal ihres Mannes zu haben. Die Freunde, die mit am Tisch saßen, bestätigten: Nein, einen Suizid habe man ihm nun wirklich nicht zugetraut. Er habe nie Andeutungen in diese Richtung gemacht, wirkte doch immer ausgeglichen.
Ich hatte damals schon einige Menschen bestattet, die aus freien Stücken aus diesem Leben geschieden waren. Es quälen immer die gleichen Fragen: Warum nur, warum? Hätte es erkannt, gar verhindert werden können? Gab es keinen anderen Ausweg? Wie muss der Mensch gelitten haben, bevor er endlich seine Tat ausführte ... Umso wichtiger also, professionell diesen Abschied zu gestalten: Deutlich machen, dass die Trauerfeier nicht die Stunde des Verstehens ist, des Begreifens, sondern nur ein Intermezzo auf dem Weg der Trauer.
Für den Redner heißt das: Einen klaren Kopf bewahren, wenn alle vor Verzweiflung außer sich sind. Aber dann stehe ich da vor der Urne in der Friedhofskapelle und sehe in der Bank seine kleinen Söhne, die im Alter meiner eigenen Kinder sind. Mein Mund ist plötzlich so trocken; ich stocke im Redefluss, seufze, presse die Lippen aufeinander, fange mich wieder, weil ich mich zwinge, Haltung zu bewahren.
Die Kinder verziehen keine Miene, die Witwe auch nicht. Nur alle anderen heulen.
Was ich seinerzeit tat, als ich vom Friedhof nach Hause kam und den schwarzen Anzug ausgezogen hatte, weiß ich nicht mehr: Vielleicht schluckte ich eine Tafel Schokolade, paffte heftig einen Zigarillo oder goss mir einen doppelten Whisky ein; die Zuflucht zu den schnellen – faulen – Tröstern.

Und all die anderen, die mit diesem Fall zu tun hatten? Wie gingen die Kriminalbeamten damit um, die den Leichenfund aufnahmen, die obduzierenden Gerichtsmediziner oder jene Polizisten, die die Todesnachricht zu überbringen hatten?
Auch mit undramatischeren Todesfällen haben ja eine Reihe von Berufen oder Diensten zu tun: Krankenpfleger, Ärztinnen und Hospizbegleiter, Bestatter und Pfarrerinnen, Arbeiter im Krematorium und auf dem Friedhof, auch Therapeuten, Staatsanwältinnen, Sargschreiner, Steinmetze, Floristen, Angestellte der Stadtverwaltung ...

Ein Toter beschäftigt viele

Die beruflichen und ehrenamtlichen Tätigkeiten, bei denen der Tod Thema ist, müssen im Grunde sehr differenziert betrachtet werden. Bei manchen Berufen ist der Umgang mit dem Tod nur eine von verschiedenen Aufgaben: Man wird nicht eigens Pastor, um zu beerdigen, aber das gehört zum Berufsbild dazu. Der Arzt will heilen, doch das Sterben ist ein Teil des Lebens. Ein Bestatter hingegen begegnet täglich Toten, sie sind ein wesentlicher Bestandteil seines Metiers.
Unterschiedlich ist jedoch die Intensität in der direkten Erfahrung von Sterben, Tod und Trauer: Pflegende, Mitarbeiter der Hospiz und Ärzte begleiten einen Menschen auf dem mitunter schweren Weg aus diesem Leben hinaus. Bestatter haben mit einem Leichnam zu tun und müssen mit Hinterbliebenen geschäftliche Dinge regeln. Pfarrer, Trauerredner und Therapeuten kümmern sich um die trauernden Angehörigen, haben den Verstorbenen vielleicht nie gekannt. Die »zuliefernden« Berufe – von der Schneiderin des Totenhemdes über den Setzer der Todesanzeige bis zum glockenläutenden Küster – haben schon nur noch einen abstrakten Zugang zum konkreten Todesfall. Verschiedene Distanzen also, woraus aber nicht zurückgeschlossen werden kann, wem es am besten gelingt, damit umzugehen.
Die Motivationen, sich überhaupt im Dunstkreis des Todes zu engagieren, sind vielfältig: Der eine mag das Thema als Randerscheinung seines Berufes hinnehmen, der andere widerwillig abarbeiten, ein Dritter die Todesproblematik als interessante Herausforderung willkommen heißen; ob aus Mangel an besserer Gelegenheit, Familientradition oder gar Berufung: In wessen Beschäftigung der Tod eine nicht unerhebliche Rolle spielt, der ist genötigt, sich mit ihm auseinander zu setzen. Denn der Tod ist nun mal ein anderer Gegenstand als Steuerprüfungen, Kochrezepte oder Straßenbau.
Die gesellschaftliche Abneigung, sich mit Krankheit und Sterben zu beschäftigen, die Verdrängung des Todes aus dem öffentlichen Bewusstsein, führt

mitunter zu einer Stigmatisierung jener, die täglich damit zu tun haben. Man schätzt zwar die Arbeit derjenigen, die sich dieser unangenehmen Aufgaben annehmen, aber – als mache die Berührung mit dem Tod »unrein« – es bleibt ein Unbehagen solchen Personen gegenüber. Werden sie doch zu Botschaftern der Sterblichkeit.

»Mach, was du willst, aber erzähl' mir nichts davon«, kommentiert ein Ehemann das Ansinnen seiner Frau, einen Hospizkurs zu besuchen. Und die Theologin, die Gruppen von »Verwaisten Eltern« betreut, denen ein Kind gestorben ist, spürt einen Druck, ihre Tätigkeit verteidigen zu müssen: Dass sie sich freiwillig solchen Aufgaben widmet, macht diese Frau irgendwie unheimlich.

Nicht jeder Tod belastet gleich

Wie viel Tod nun verträgt ein Mensch? Eine vieldeutige Frage! Genau genommen müsste die Antwort ja lauten: jeder nur einen. Oder aber, wenn man statistisch antwortet: pro Tag ein Dutzend, denn so viele konsumiert der durchschnittliche Fernsehzuschauer auf dem Bildschirm alltäglich. Trägt er Schäden davon? Vielleicht stumpft er ab, wie Soldaten im Krieg automatisch aus Selbstschutz abstumpfen? Wem jeder Tote zu Herzen geht, der kann nicht bestehen? Macht es für einen Feuerwehrmann, der bei einer Katastrophe eingesetzt ist, einen Unterschied, ob bei dem Unglück zwei, zwanzig oder zweihundert Menschen starben? Er versucht zu retten, so viel und so gut er kann. Da ist bereits *ein* Todesopfer, das nicht verhindert werden konnte, eine Belastung.

Offensichtlich bringt die Frage nach der Zahl der Toten nicht weiter: Nicht die Quantität ist von Bedeutung, sondern die Qualität: Starb ein junger oder ein alter Mensch? Wurde der Tod erwartet oder kam er überraschend? War die Todesursache eine Krankheit, ein Unfall, ein Verbrechen, ein natürliches Ende? Starb der Mensch in Frieden, lebenssatt und vorbereitet – oder hatte er sich mit seiner Sterblichkeit nicht ausgesöhnt?

»Gestern haben wir eine Oma beerdigt: 101 Jahre alt!«, erzählte mir der Friedhofswärter. Sie sei ganz allein gewesen, habe alle Angehörigen überlebt. »War jetzt Zeit für die.« – Ein solcher Tod schreckt nicht. Aber den Tod des zehnjährigen Buben, der unter den Lastkraftwagen geriet, mag niemand als normal akzeptieren, auch wenn wir alle wissen, dass unser Straßenverkehr alljährlich solche Opfer fordert.

Prägende Umstände

Wie viel Tod der Mensch verträgt? Beschränken wir diese Frage zunächst auf jene, die professionell mit ihm zu tun haben. Doch auch dann ist das von einer Reihe von Faktoren abhängig:

- der persönlichen Vorerfahrung,
- der spezifischen Ausbildung,
- der psychologischen Begleitung und
- der momentanen Situation.

Wer in seiner Herkunftsfamilie den Tod eines Angehörigen als tragischen Einschnitt erfuhr, als einen Verlust, der unausgleichbar blieb, wird sich wahrscheinlich schwerer mit ihm tun als jemand, der den Tod als Teil des Lebens erlebte. Problematisch wird es auch für jene, die man – wohlmöglich im guten Glauben, sie zu schützen – von allem fern hielt, was den Geschmack des Todes an sich hat. In den Legenden, die sich um das Leben des Buddha ranken, wird erzählt: Als junger Mann lebte er in luxuriösen Palästen, weitab von den Niederungen dieser Welt. Aber seine Neugier drängt ihn nach draußen. Heimlich unternahm er Ausfahrten mit der Kutsche, sah dabei am ersten Tag einen alten, am zweiten Tag einen kranken Menschen, am dritten einen Leichenzug. Geschockt von der Wahrheit, dass nämlich zu diesem Leben Alter, Krankheit und Tod gehören, entschloss er sich – nachdem er bei einer vierten Ausfahrt einen Asketen gesehen hatte – die Erleuchtung zu suchen. Ob man die buddhistische Daseinsanalyse und ihre »Therapievorschläge« teilt oder nicht: Diese religiöse Philosophie macht sich zumindest nichts vor, was die Randbedingungen menschlichen Lebens angeht.

Den Tatsachen ins Auge sehen, schadet also nicht, sondern hilft. Was aber mit dem Wissen anfangen? In Studium und Ausbildung werden jene, deren Dienst den Tod berührt, unterschiedlich gut vorbereitet: ein Seminar allein kann's nicht richten. Offensichtlich gehören die Hospizbegleiterinnen und -begleiter zu jenen, die am besten – nämlich intensiv und individuell – an das Thema herangeführt werden. Da ist in anderen Berufen noch ein großer Nachholbedarf zu decken.

Dass praxisbegleitende Aussprachemöglichkeiten wie Supervision unerlässlich sind, gilt heute als unbestritten. Doch sind die Angebote auch qualitativ attraktiv, sind sie ausreichend und terminlich günstig, sodass sie genutzt werden?

Schließlich: Die berufliche Anforderung kann überlastend werden, wenn vom Begleitenden zusätzlich private Probleme zu meistern sind: eigene Krankheit, Scheidung, Umzug, Schwierigkeiten mit den Kindern, Nachbarschaftsstreit, Wechseljahre ...

Die Gefahr des Ausbrennens

Eine Skala des bewältigbaren Todes anzulegen wäre Unsinn. Wie sollte man das messen? Und doch kann erspürt werden, wann die notwendige Professionalität und die erlaubte Routine nicht mehr ausreichen, um die Aufgabe gut zu machen. Meistens bekommen die Kolleginnen, die Familie, die Freunde eher mit, dass etwas aus dem Lot geraten ist, als der/die Betroffene selbst. Spricht man sie/ihn darauf an, steht der Betroffene in der Gefahr, das als Misstrauensvotum zu deuten, als Kritik, gar als Unterstellung – deutliches Anzeichen des typischen Helferproblems des »burnout« (»Ausbrennens«).

Wo sich keine Zufriedenheit mit der Tätigkeit mehr einstellen mag, wo freie Wochenenden oder gar ein Urlaub nicht mehr zur Erholung genügen, da liegt etwas im Argen. Wer sich über längere Zeit von der Arbeit erdrückt fühlt, keinen Horizont sieht, wo er einmal ausspannen kann, der sollte Acht geben. Wenn der sarkastische Witz die einzige Reaktion wird, um Dampf abzulassen, dann ist es höchste Zeit, sich dem Thema zu stellen: Habe ich mein Fassungsvermögen erreicht? Finde ich noch meine Mitte? Lebe ich oder »werde ich gelebt«?

Mancher jedoch reagiert bei ersten Anzeichen einer Selbstüberforderung genau gegensätzlich. Wenn der Perfektionsanspruch ins Wanken gerät, bemüht er sich, noch mehr Zeit, noch mehr Aufmerksamkeit, noch mehr Engagement zu investieren. Dass die Begegnung mit dem Tod überanstrengt, scheint einer persönlichen Niederlage gleichzukommen. Das Ideal, immer »erfolgreich« zu sein, kann nicht aufgegeben werden. Die Vorstellung, etwas nicht zu schaffen, wirkt geradezu bedrohlich.

Wer nicht rechtzeitig auf die Bremse tritt, kann körperliche, geistige, seelische und soziale Nöte heraufbeschwören: Erschöpfungszustände, Konzentrationsmängel und Schlafstörungen sind Indikatoren, wie auch fantasielose und floskelhafte Lösungsversuche für sich stellende Probleme des Berufsalltags bis hin zu fehlender Anteilnahme am Leiden der Anvertrauten: am Ende steht die Abwertung des »nervenden« Klientels. – Konflikte mit den Kollegen und dem privaten Umfeld scheinen vorprogrammiert.

Ob die Ursachen letztlich in der Persönlichkeit des Einzelnen liegen oder grundsätzlich im beruflichen Betätigungsfeld, ob die Zielgruppe zu schwierig ist, welche Rolle den Kollegen, den Vorgesetzten oder der Institution an sich zukommt: die Ebene zu klären, auf der es knirscht, ist eine wichtige Frage.

Doch ganz gleich, wie die Antwort aussieht: Das »burnout« muss erkannt und angegangen werden. Es bieten sich verschiedene Lösungen an, die negative Situation zu vermeiden, zu verändern oder zu verlassen; Hauptsache, es bleibt nicht alles beim Alten und es werden nur die Probleme tabuisiert, weggespült, verdrängt. Das geht auf die Dauer nicht gut.

Grenzen zu ziehen ist notwendig!

Wie sonst, gilt auch hier: Vorbeugen ist besser als heilen. Es ist keine Schande zu bekennen: »Ich kann nicht mehr!« Starksein müssen um jeden Preis darf nicht zu den angestrebten Idealen gehören. Nicht Aushalten sei die Devise, sondern Gewachsensein. Wer merkt, dass dies misslingt, sollte das als Hinweis verstehen, etwas für sich zu tun. Bei aller Empathie ist stets wichtig, die notwendige Abgrenzung zu wahren: »Das Schicksal meines Patienten oder Klienten ist nicht *mein* Schicksal. Ich leide mit, aber ich ziehe eine Grenze.« Jenseits dieser Grenze ist das Zuhause, der/die Partner/in, die Kinder. »Dieses Wochenende fällt der Begriff ›verwaiste Eltern‹ kein einziges Mal«, bat die Tochter ihre Mutter, die hauptamtlich in diesem Verein beschäftigt war.

Ausgleich ist wichtig, das ganz Andere, was mit dem Tod nichts zu tun hat. Im wahrsten Sinne »not-wendig« sind Stunden, die einem einfach nur gut tun. Das mag für jede und jeden etwas anderes sein, zum Beispiel regelmäßige Aktivitäten wie Tanzkurs, Gartenarbeit, Kino, Sportverein, Chorsingen, Wanderungen, oder auch spontane Freuden wie Essengehen, ein Bad nehmen, Musik hören, einen Krimi lesen ...

Parallel ist die themenorientierte Supervision ein unerlässlicher Bestandteil angemessenen Umgangs mit der Arbeitsbelastung. Supervision darf kein Luxus sein, sondern eine selbstverständliche Einrichtung, ein Angebot, das sicher nicht nur Pflegende, Begleitende und Therapierende nutzen wollen, sondern auch alle, die im Bereich Sterben, Tod und Trauer beraten, aufklären, verwalten.

Und auch so grundlegende Dinge wie das Einhalten der Arbeitszeit, die sorgfältige Planung von Freizeit und Urlaub bis hin zur gesunden Ernährung gehören zur Burnout-Prophylaxe.

Alle, die mit dem Komplex Sterben, Tod und Trauer zu tun haben, sind mehr als andere aufgefordert, sich mit ihrem Thema auseinander zu setzen. Wahrscheinlich werden die Einstellungen und Meinungen im Laufe der Jahre mit zunehmender Erfahrung wechseln. Hilfreich scheint aber, bei aller Auseinandersetzung sich wieder »zusammenzusetzen«, also einen Standpunkt zu finden, der Halt gibt. Das bedeutet nicht, Haltungen seien unveränderbar.

Doch wer in jeder Situation neu mit sich ringen muss, wie er denn die Sache grundsätzlich sieht, verbraucht dafür zu viel Energie.

Vor den letzten Fragen nicht ausweichen

Ein Bewusstsein der Endlichkeit des Menschen muss für die im Dunstkreis des Todes Dienstleistenden nicht erst geschaffen werden. Allein, welche Schlussfolgerungen daraus zu ziehen sind, steht auf einem anderen Blatt. »Ich werde einmal sterben«, – führt mich diese Erkenntnis in die Lethargie, nach dem Motto: »Es ist doch ohnehin alles egal, wofür sich abmühen, ein paar Jährchen vielleicht noch, doch das Ende ist gewiss ...« Auch die entgegengesetzte Reaktion wäre denkbar: »Die Zeit ist kurz, die Tage gezählt, deswegen will ich mitnehmen, was ich kriegen kann.« Ein Turboleben unter Hochdruck, geprägt von der Angst, nicht genug zu bekommen, etwas zu verpassen. Da gibt es keine Rücksicht auf Verluste, für Nachdenklichkeit ist das Dasein zu kostbar.

Wer mag bestimmen, wo die Wahrheit liegt? Doch leben nicht jene ausgeglichen und gelassen, die bewusst jeden Tag empfangen, die genießen können, sich freuen an dem, was sie haben, nicht nur auf das achten, was ihnen fehlt; jene, die sich nicht nur über »Hoch-Zeiten« freuen, sondern auch den All-Tagen etwas abgewinnen können?

Weder unerheblich noch entscheidend mag die Frage der persönlichen Einstellung des Helfenden zur Frage sein, was der Tod im Letzten sei. Eine Krankenschwester meinte zu mir: »Die Ordensschwestern in unserer Klinik, die waren nicht gut gelitten. Aber wenn jemand starb, dann setzten sie sich daneben und hielten aus, wenn nötig stundenlang.« Der Glaube an ein Leben danach, das sogar noch besser sei als das diesseitige, schenkte den Ordensfrauen wohl die Kraft, Menschen beim Übergang zu begleiten: Da wäre der Tod nur ein Wechsel der Existenzweise.

Doch nicht die religiöse Dimension an sich ist bedeutend. Ob ein Leben bei Gott im Paradies, eine Wiedergeburt im Kreislauf der Seelenwanderung oder die undramatische Erkenntnis, der Tod sei nun mal ein absolutes Ende: Maßgeblich für das Gelingen einer Akzeptanz des Todes ist die Furchtlosigkeit. Ich kenne eine Dame, die nach jahrelangem Zweifel ihren Glauben an Gott verloren, aber endlich doch Frieden gefunden hat: Sie versöhnte sich mit ihrer Endlichkeit, gab die Suche nach einem »Sinn« auf. – Entscheidend ist, dass die Reise zum Tod als einem unbekannten Land nicht bedrohlich empfunden wird, sondern akzeptiert werden kann.

Neu für die Tätigkeit entscheiden

Unabhängig von den Zwängen des Arbeitsmarktes wollen wir davon ausgehen, dass erwachsene Menschen freiwillig bestimmen möchten, welche Tätigkeit sie ausüben. Wenn der Komplex Sterben, Tod und Trauer darin einen herausragenden Platz einnimmt, dann beruht das auf freier Entscheidung. Sie muss ab und zu neu getroffen werden.

Die Helfer können wählen. Nicht wählen konnte die Frau, deren Mann vom Joggen nicht mehr nach Hause kam. Ob sie wollte oder nicht, sie war mit einem Mal gezwungen, sich dem Tod zu stellen. Natürlich hätte sie das früher oder später ohnehin machen müssen. Aber ihre Umstände waren wenig geeignet, sich angstfrei mit dem Tod anzufreunden. Denn, *ob* er kommt, ist nicht die Frage, nur *wann* und *wie*.

Bestimmen können wir also allein, ob wir uns auf ihn vorbereiten, und das immer wieder. Mag sein, die konkrete Situation am Tage X ist dann ganz anders als die Theorie. Doch auch das gehört zum Schatz der Erfahrungen. Nutzen wir diesen Schatz zum Wohle der anvertrauten Menschen und zu unserem eignen.

Gewollte Nähe und notwendiger Schutzraum

Klaus Aurnhammer

Eine Besuchergruppe auf der Palliativstation. Ich stelle die Station und die Schwerpunkte unseres palliativen Konzeptes vor. Im Gespräch stellt eine Besucherin die Frage: »Wie halten Sie das alles nur aus? Geht Ihnen das nicht zu nahe?« Ein weiteres Beispiel: Ein Pfleger auf einer onkologischen Abteilung sagt in einem Seminar zur Sterbebegleitung: »Wenn ich nach der Arbeit nach Hause komme, dann muss ich erst mal in den Wald, laufen gehen, sonst kriege ich keinen Abstand.« Zwei Beispiele, die eine Grundspannung menschlichen Lebens aufzeigen. Die Pole dieser Spannung heißen Nähe und Distanz. Der Umgang mit Schwerkranken und Sterbenden, die Konfrontation mit Leid, Sterben und Tod hebt diese Polarität ganz besonders hervor. Die Besucherin und der Pfleger vermuten und erleben, dass es nicht gut tut, ununterbrochen sterbenden Menschen nahe zu sein. Schutz und damit Distanz sind notwendig für Helferinnen. Doch wie steht es mit dem Kranken, dem Sterbenden? Hat er nicht ein Recht auf die Nähe anderer, ruft er nicht nach Beistand? Die Hospizbewegung tritt auf mit dem Anspruch: Niemand soll allein sterben. Doch wie geht das? Hier der Sterbende, der Nähe braucht, dort die Helferin, die Schutz und Distanz braucht. Ein Dilemma bahnt sich an. Oder doch nicht? Ist es bisweilen nicht genau andersherum: Der Sterbende sucht Schutz und Distanz, die Helferin dagegen die Nähe? Jedenfalls ist das Wechselspiel von Nähe und Distanz zwischen Sterbendem und Helferin komplexer, als es anfangs scheint. Schauen wir also etwas genauer hin. Wenn ich nun von gewollter Nähe und notwendigem Schutzraum spreche, dann knüpfen sich daran zwei wesentliche Fragen: Wer will eigentlich die Nähe? Und: Für wen ist der Schutzraum notwendig?

Wer will Nähe?

Der erste Fragenkomplex lautet konkret: Wer will in der Hospizarbeit eigentlich aus welchem Grund wessen Nähe? Die Hospizbewegten erwecken gelegentlich den Anschein, als wollten sie alle Sterbenden mit ihrer Nähe gleichsam umfangen. Woher kommt dieser Impuls? Um diese Frage zu beantworten, will ich auf die Wurzeln der modernen Hospizbewe-

gung zurückgreifen. Die Kritik am modernen Medizinbetrieb der letzten Jahrzehnte förderte zutage: Ärzte, Pflegende und andere entzogen sich der Nähe zu den Sterbenden und gingen auf Distanz. Das medizinisch Machbare schützte vor der menschlichen Begegnung mit dem Sterben. Die oft erlittene Konsequenz: Sterbende wurden allein gelassen, abgeschoben in Abstellkammern und Nebenzimmern. Die Hospizbewegung versucht hierauf eine Antwort zu geben und Alternativen zu entwickeln. Wenn Hospizhelferinnen, Pflegende, Ärzte und andere jetzt die Nähe zu den Sterbenden suchen, so ist dies immer auch eine Reaktion auf eine Gesellschaft und ein Medizinsystem, die das verlernt hatten. Insofern ist die Hospizarbeit von Beginn an so etwas wie eine Protestbewegung gewesen: gegen das Abschieben Sterbender und gegen das Verdrängen des Sterbens aus dem gesellschaftlichen Bewusstsein. Zugleich setzt sich die Hospizbewegung ein für eine Reintegration sterbender Menschen in die medizinische, pflegerische, soziale und spirituelle Versorgung, sie fordert wieder eine größere Nähe zu den Sterbenden. Doch dieses Motiv reicht nicht, um der Nähe zu Sterbenden Sinn und Grund zu geben, denn es greift zu kurz, auch wenn die Absicht ehrt. Nähe, die ausschließlich aus einer Protesthaltung erwächst, wird letztlich nicht heilsam und hilfreich sein. Der eben beschriebene gesellschaftlich begründete Aspekt mischt sich bei den Helferinnen noch mit einem sehr persönlichen Motiv, in die Nähe Sterbender zu gehen. Ich halte es nicht für Zufall, dass jemand Hospizhelferin wird oder Pfleger auf einer Palliativstation. Diejenigen, die sich dieses Arbeitsfeld aussuchen, bringen ihre eigenen Erfahrungen mit Krankheit, Sterben, Tod und Trauer mit. Diese Erfahrungen sind jedoch nicht immer ausreichend reflektiert und bewusst, vielen steckt der Stachel der alten Erfahrungen noch im Fleisch. Und so sucht sich die Seele gleichsam unbewusst immer neu ähnliche Situationen. Es gibt noch etwas zu erledigen, vielleicht zu berichtigen, vielleicht zu wiederholen.
Genau aus diesem Grunde beinhalten die Vorbereitungskurse für Ehrenamtliche genauso wie die Fortbildungen für Pflegende oder Ärzte einen Anteil Selbsterfahrung. Es geht darum, die eigenen Erfahrungen und Anteile zu reflektieren, sich selbst sozusagen auf die Schliche zu kommen. Dort jedoch, wo Helferinnen sich selbst und ihre Motive nicht bedacht haben, kann Folgendes geschehen: Statt die Nähe zum Sterbenden so zu dosieren, dass sie ihm gut tut, wird sie zum Instrument, die eigenen (Helfer-)Anteile auszuleben und permanent zu wiederholen. Die Antwort auf die Frage, wer eigentlich Nähe will, lautet hier: Die unreflektierte Helferin will die Nähe, weil sie in dieser Nähe etwas unbewusst sucht und auslebt, was mit ihrer eigenen Lebens- und Erfahrungsgeschichte zu tun hat, nicht jedoch mit der des Sterbenden. Aus solcher von unreflektierenden Helferinnen gewollten und ge-

stalteten Nähe entspringt etwas, das andere eher befremdlich anmutet, bisweilen eine Art klebriger Nähe. Da ist der Pfleger, der so unendlich stolz – aber zugleich furchtbar belastet – ist, eine »so innige« Beziehung zu seinen Patienten zu haben. Da ist die ehrenamtliche Hospizhelferin, die in der Fallbesprechung mit getragener Stimme davon erzählt, wie »viele und intensive« Gespräche sie mit dem Sterbenden geführt habe, und dass es immer wieder um das »wichtige Thema des Loslassens« gegangen sei. Solche Beispiele zeigen mehr vom Innenleben der Helferin als von der Situation des Sterbenden.

Unreflektiertes Verhalten der Helferin kann tatsächlich dazu führen, dass das Maß an Nähe nicht auf den Sterbenden abgestimmt ist. Ich nenne diese Spielart der unreflektierten Nähe private Nähe. Es geht hierbei mehr um die private Situation der Helferin als um die Wünsche und Bedürfnisse des Sterbenden. Oft mischt sich das individuelle Motiv mit dem oben beschriebenen gesellschaftlichen. Letzteres wird gleichsam zum Alibi für die von der Helferin gewollten und gestalteten Nähe. So mancher Slogan der Hospizbewegung selbst bietet für die private Nähe einen fruchtbaren Nährboden: »Keiner soll alleine sterben«, höre ich da, »wir lassen Sie nicht alleine.« Hoffentlich doch, fällt mir angesichts der privaten Nähe dazu ein. Aus dem Gesagten folgt: Jeder, der in der Hospiz- und Palliativarbeit tätig ist, tut gut daran, immer neu zu prüfen, wie privat motiviert seine Nähe zu den Sterbenden eigentlich ist. Zugleich führt diese Frage auch zurück ins Zentrum hospizlicher Bemühungen. Die grundlegende Idee der Hospizarbeit zielt darauf, den Kranken und Sterbenden wieder in den Mittelpunkt zu rücken. Nicht jedoch als Objekt, das beliebig hin- und hergeschoben werden kann, sondern als Subjekt, als Individuum mit eigener Lebensgeschichte, eigenen Wünschen und Bedürfnissen.

Die elementare Frage muss also an den Sterbenden gehen: Welche und wie viel Nähe willst du eigentlich? Mit dieser Frage an den Sterbenden selbst eröffnet sich ein schier unendliches Feld möglicher Antworten. So unterschiedlich wir Menschen nun einmal sind, so unterschiedlich ist auch unser Bedürfnis nach Nähe. Es gibt Sterbende, die sich nichts sehnlicher wünschen als Menschen in ihrer Nähe. Und es gibt Sterbende, die die Nähe anderer gerade in dieser Situation kaum aushalten können. Dazwischen gibt es unendliche Varianten des Wollens und des Ablehnens von Nähe. Für das konkrete Handeln der Helferin wird es wichtig sein herauszufinden, wessen Nähe gewünscht ist, ob überhaupt, wie lange, wie intensiv und auf welche Weise diese Nähe gestaltet sein soll. Hospizhelferinnen müssen daher lernen zu fragen und zu spüren, müssen sich immer wieder miteinander beraten. Erst im Zuge dieser Klärungen wird sich solcherart gestaltete Nähe als heilsam und hilfreich erweisen. Dort, wo Helferinnen und Sterbender sich auf diese Weise begegnen, entsteht das, was ich professionelle Nähe nenne.

Wer braucht Schutzraum?

Die Frage, ob ein Sterbender Schutzraum braucht, ist eine rhetorische. Gewiss benötigt er Schutzraum. Schon der Begriff Hospiz (=Herberge) bringt dies treffend zum Ausdruck. Hospizliche Arbeit bemüht sich ja gerade darum, den Sterbenden einen Schutzraum zu bieten. Aus der Perspektive des Sterbenden ist daher zu fragen: Wovor braucht er Schutz und wofür? In einem Medizinsystem, das mit immer mehr Aufwand immer mehr Kuration, also Heilung erreichen will, stellt die Palliativmedizin einen wichtigen Schutzraum für sterbende Menschen bereit. Als Patient erhält der Sterbende die Zusage, von unnötiger Diagnostik und Therapie verschont zu bleiben und gleichzeitig kompetent und symptomorientiert therapiert zu werden. Wer die Angst vieler Patienten vor Krankenhaus und anonymer Therapie kennt, der weiß, welche Bedeutung dieser Schutzraum hat. Die Entwicklung der Hospizbewegung überhaupt bietet den Sterbenden Schutz davor, dass ihr Sterben unnötig in die Länge gezogen oder in Nebenräume abgeschoben wird. Hospizliches Arbeiten ist immer auch schützendes Arbeiten. Doch auch innerhalb des Systems Hospiz ist der Blick für den Schutzraum Sterbender zu schärfen. Jeder Sterbende braucht die Möglichkeit, seine Individualität leben zu können, er benötigt Privatraum, Chancen sich zurückzuziehen. Im Prozess des Sterbens zeigt sich viel Intimes, das geschützt werden muss. Sterbende Menschen müssen am Ende ihres Lebens notgedrungenermaßen immer wieder Nähe zulassen, sie benötigen Pflege und Hilfe in vielen Dingen des alltäglichen Lebens. Hier ist ein Gegengewicht nötig. Hospizliche Mitarbeiterinnen sollten mit dafür Sorge tragen, dass Sterbende ihren je eigenen Schutzraum auch erhalten.

Hier zeigt sich der qualitativ hohe Anspruch an die Hospizarbeit: Helferinnen müssen in der Lage sein, zwischen dem notwendigen und gewollten Maß an Nähe und dem notwendigen Maß an Schutz(raum) hin und her zu wechseln, ohne die Orientierung zu verlieren. Als hilfreich für alle Helferinnen erweist es sich, nach helfereigenem Schutzraum zu fragen. Die Auseinandersetzung von ehrenamtlichen Hospizhelferinnen, von Schwestern und Ärzten mit dem Sterbenden und ihren Bedürfnissen kann nicht in privater Nähe erfolgen. Bereits das Wort Auseinander-setzen weist den Weg. Auch Helferinnen brauchen Distanz, Rückzugs- und Entlastungsmöglichkeiten, Schutzräume eben. Doch wie kann das gelingen? Wie gestalte ich als Helferin meinen Schutzraum?

Natürlich gibt es kein Patentrezept: Tun Sie dies oder lassen Sie das, und schon ist alles gut. Die Möglichkeiten und Bedürfnisse sind so vielfältig wie die Persönlichkeiten der Helferinnen. Drei Grundbedingungen, die ein Schutzraum für Helferinnen erfüllen muss, will ich jedoch nennen:

1. Während der hospizlichen Tätigkeit gilt das Augenmerk besonders den Bedürfnissen der Sterbenden. Im helfereigenen Schutzraum sorgt die Helferin sich um ihre eigenen Bedürfnisse. Sie tut etwas für sich, sei es joggen, kochen, Briefmarken sammeln oder mit der eigenen Familie oder Freunden etwas unternehmen. Dieses Achten auf sich selbst ist wesentlich.
2. Die zweite Bedingung des helfereigenen Schutzraumes ist das Reflektieren. Indem ich das, was in der Begegnung mit Sterbenden geschieht, reflektiere, gewinne ich Abstand vom Geschehen. Diese Distanz erweist sich für Helferinnen als heilsame Distanz. Denn aus den Einsichten, die sich aus dem Reflektieren entwickeln, erwachsen neue Ideen für die weiteren Begegnungen mit dem Sterbenden.
3. Und hier schließt sich auch die dritte Bedingung an. Das Reflektieren sollte nicht nur allein, sondern auch mit anderen erfolgen. Fallbesprechungen, Übergaben, Supervisionen sind Möglichkeiten, gemeinsam und strukturiert den Prozess der Begleitung zu begleiten und damit Schutzraum zu schaffen für die Helferinnen. Es gilt: Hospizliche Arbeit darf nicht Einzelkämpfertum bedeuten. Sie vollzieht sich vielmehr im Team. Dies gilt für die hauptamtlichen Teams eines Hospizes oder einer Palliativstation genauso wie für eine Gruppe ehrenamtlicher Hospizhelferinnen. Gerade weil der hospizliche Umgang mit sterbenden Menschen gesellschaftliches Neuland betritt, brauchen die Begleiterinnen selber Begleitung. Vielleicht kann Hospizarbeit dazu beitragen, eine neue Kultur der Sterbebegleitung zu entwickeln, die von der Gesellschaft insgesamt getragen wird. Vorerst jedoch bewegen sich alle Hospizhelferinnen in einer gesellschaftlichen Umgebung, die keine hilfreiche und unterstützende Kultur im Umgang mit Sterbenden besitzt. Und genau deshalb scheint es mir so wichtig, dass Hospizarbeit immer auch Teamarbeit ist.

Wo diese drei Bedingungen (Achten auf sich selber, Reflektieren, Teamarbeit) erfüllt sind, erleben Hospizmitarbeiterinnen einen Schutzraum, der ihnen Rückzugs- und Entlastungsmöglichkeiten genauso bietet wie neue Ideen und neuen Schwung für die Begleitung. Insofern ist der Schutzraum sowohl für die Sterbenden als auch für die Helferinnen nicht einfach nur notwendig. Schön wäre es, wenn er von allen Beteiligten auch gewollt wäre. Den Wunsch nach Schutzraum zu wecken, den Blick für die je eigenen und fremden Bedürfnisse zu schärfen, auch das ist Hospizarbeit.

Die professionelle Balance

Längst ist klar geworden: Nähe und Distanz schließen sich nicht gegenseitig aus. Viel eher sind sie wie zwei Schalen einer Waage, die in einer guten Balance zu- und miteinander gehalten sein wollen. Um die Balance zu bewirken, braucht es beides, Nähe und Distanz, und beides gut aufeinander abgestimmt. Wo dies gelingt, spreche ich von professioneller Nähe und Distanz. Die balancierende Haltung hat zweierlei im Blick: die Bedürfnisse und Handlungen des Sterbenden genauso wie die der Helferin. Die professionelle Balance vermeidet private (und damit wenig hilfreiche) Nähe genauso wie unprofessionelle und angstzentrierte Distanz. Doch wie konkretisiert sich diese professionelle Balance von Nähe und Schutzraum in der hospizlichen Arbeit? Drei zentrale Bereiche möchte ich näher beschreiben:

Raum und Zeit:

Die Begegnungen mit Sterbenden finden stets irgendwo und irgendwann statt. Doch es ist nicht egal, wo sie stattfinden, wann und wie lange. Raum und Zeit bilden den Rahmen, in dem sich die Begleitung abspielt.
Schauen wir uns als Erstes den Raum an. Hospizhelferinnen kommen mit den sterbenden Menschen an verschiedenen Orten in Kontakt: im Krankenhaus, auf einer Palliativstation, im Hospiz, im Altenheim oder im familiären Umfeld des Sterbenden. Alle Orte bis auf das eigene Zuhause zeichnet eines aus: Der Sterbende ist dort mehr oder weniger an einem fremden Ort, die dort Tätigen haben sozusagen den Heimvorteil. Diese Ausgangssituation prägt die Nähe-Distanz-Balance entscheidend mit. Das muntere Hereinkommen der Schwester in das Patienten- oder Bewohnerzimmer mit den Worten »Hallo, Herr M., wie gehts denn heute?« überspringt Distanz und schafft Nähe. Ob die aber vom Sterbenden erwünscht ist oder ob gar eine größere Distanz notwendig wäre, ist noch nicht geklärt. Insbesondere stationäre Hospize berücksichtigen dies: Hospizmitarbeiterinnen betreten die Räume so, als wären sie zu Besuch, andere Besucher werden nur dann zum Sterbenden gelassen, wenn dieser vorher zugestimmt hat. Übrigens werden Sterbende in Hospizen oft Gast genannt. Obwohl dieser Begriff Gutes meint und beabsichtigt, zeigt er doch, dass der sterbende Mensch hier eben nicht zu Hause, sondern fremd ist. Um die professionelle Balance zwischen Nähe und Distanz zu halten, müssen die Mitarbeiterinnen in den genannten Institutionen ein gutes Gefühl dafür entwickeln, nicht allzu schnell Distanz zu überspringen, nur weil sie Heimrecht haben.

Ganz anders die Situation, wenn Hospizhelferinnen den Sterbenden zu Hause aufsuchen und begleiten. Hier sind die Profis die Gäste, das Haus, die Wohnung des Sterbenden ist spürbar und sichtbar sein ureigener Schutzraum. Dies gilt es zu respektieren. In vorsichtigen Schritten geht die Hospizhelferin in diesen Schutzraum und sucht Nähe zu gestalten. Im Zuhause des Sterbenden gibt es eine besondere Herausforderung für die professionelle Balance. Hospizhelferinnen gelangen oft in Räume, die einen besonderen Privat- und Schutzraum für die Menschen darstellen. Als Besucher werden sie z.B. in das Schlafzimmer eines sterbenden Menschen gebeten, sitzen dort an seinem Bett und reden mit ihm. Diese Situation erfordert Sensibilität und Respekt vor dem Schutzraum des anderen. Bei der professionellen Balance geht es nicht um ein Entweder – Oder: Entweder bin ich nah oder ich bin distanziert. Die Herausforderung besteht gerade darin, auch in einer Situation großer räumlicher Nähe durchaus distanzwahrend zu handeln. Ganz gleich in welchem Raum Hospizhelferin und Sterbender sich begegnen, immer wird es darum gehen, den Zwischenraum zwischen zwei Menschen zu gestalten. Normalerweise sind die Aufgaben dabei gleich verteilt: Jeder bestimmt mit, wie weit er selber geht bzw. wie weit der andere kommen darf. In der Begleitung kranker und sterbender Menschen ist dies anders. Der Sterbende liegt z.B. im Bett oder sitzt im Sessel, die Helferin ist diejenige, die weitaus mobiler ist. Meist bestimmt die Helferin, wie nah oder distanziert der Kontakt sich gestaltet, sie hat den größeren Teil der Verantwortung. Im Sinne der professionellen Balance wird die Hospizhelferin sowohl bei sich als auch beim Gegenüber die feinen Signale wahrnehmen, die sie in größere Nähe einladen oder ihr bedeuten, mehr Distanz zu wahren. Diese Signale sind meist nicht-sprachlicher Art. Kleine Gesten, eine zugewandte oder abgewandte Körperhaltung, die Art des Blickes, das eigene Gefühl, all dies hilft dabei, das rechte Maß an Nähe zu finden und während der Begleitung immer neu auszubalancieren.
Wie (be)misst man eigentlich die Nähe zwischen zwei Personen? Die Psychologie gibt mehr oder weniger genaue Zentimeterangaben an, um private oder öffentliche Bereiche zu kennzeichnen. Doch wo setzt man den Zollstock an? Die wichtigste Kenngröße ist der Abstand der Augen. Je näher meine Augen denen des anderen sind, desto dichter ist auch die Atmosphäre zwischen uns. Jeder kennt die Situation in einem überfüllten Fahrstuhl. Dicht an dicht stehen dort die Fahrgäste, wenn nötig sogar mit Körperkontakt. All dies ist einigermaßen erträglich, solange niemand in dieser Nähe Augenkontakt aufnimmt. So schauen meist alle unter sich oder in irgendeine Ecke. Auch am Bett eines Sterbenden kann eine Helferin sitzen, ohne dass es zu nah wirkt. Sobald sie sich vorbeugt und sich so den Augen des Sterbenden

nähert, ändert sich die Qualität ihrer Nähe schlagartig. Und wieder ist die entscheidende Frage: Ist die Nähe vom Sterbenden gewollt oder nur vom Helfer?

Ein weiteres räumliches Gestaltungselement hat ebenfalls mit den Augen zu tun. Es macht einen großen Unterschied, ob mein Gegenüber sich im Gespräch über mir befindet oder auf gleicher Höhe. Der Bezugspunkt sind auch hier die Augen. Es ist ein äußerst unangenehmes Gefühl dauernd hochgucken zu müssen: unterlegen, beherrscht, gedemütigt. Wer einmal in einem Krankenhaus liegend eine klassische Chefarztvisite erlebt hat, kennt dieses Gefühl recht gut. Mindestens vier Menschen stehen um das Bett herum, schauen auf mich, in die Krankenakte, reden so von oben zu mir herunter. Für die Stehenden ist diese Position u.a. wie ein Schutzraum, den sie mit ans Bett bringen. Ein vertrauensvolles Gespräch, in dem der Patient auch Inneres zur Sprache bringen könnte, kommt so gar nicht erst zustande. Hospizhelferinnen wissen um dieses Gefälle von oben und unten. Und sie werden berücksichtigen, dass sie es sind, die die aktivere Rolle übernehmen, wenn es um die Position im Raum geht. Die professionelle Balance im Blick, werden sie die Begegnungen mit dem Sterbenden so gestalten, dass sich die Augen in etwa gleicher Höhe befinden.

Die zweite wichtige Rahmenbedingung ist der Faktor Zeit. Wie lang sollen die Begegnungen mit dem Sterbenden sein? Wann bin ich nahe, wann ist es Zeit Schutzraum einzurichten? Die wichtigste Regel leitet sich von der Einsicht Einsteins ab: Zeit ist relativ. Lange und häufige Kontakte sind noch längst kein Zeichen großer oder gar erstrebenswerter Nähe. Auch kurze und weniger häufige Begegnungen können voll intensiver Nähe sein. Entscheidend ist nicht die Uhr, sondern die Haltung der Hospizhelferin. Wenn sie wirklich präsent ist, achtsam für sich, den Sterbenden und sein Umfeld, können sich fruchtbare und heilsame Begegnungen ergeben. Die professionelle Balance zeigt sich nicht nur im Gespür dafür, wann es Zeit ist zu kommen, sondern auch darin, dass eine Helferin merkt, wann es Zeit ist zu gehen.

Menschen, die besucht werden, sind in aller Regel höflich. Es passiert selten, dass ein Sterbender sagt: »Jetzt gehen Sie bitte!« Tut er es doch, habe ich wahrscheinlich vorher Signale übersehen. In manchen Begleitungen machen die Hospizhelferinnen die Erfahrung, dass sich tiefe und intensive Gespräche entwickeln. Sterben und Tod werden mit einem Mal in Worte gefasst, Sterbende beginnen über das Loslassen zu reden, ziehen Lebensbilanz und ordnen so noch einmal ihr Leben. In einen solchen Prozess mit hineingenommen zu werden, ist eine intensive Erfahrung. Wichtig ist, dem sterbenden Menschen Zeit zu lassen, und zwar in doppeltem Sinne: Zum einen bestimmt er selbst im Gespräch, wann, wie und ob er was sagt. Ein Gespräch

muss sich entwickeln können, es lässt sich nicht vom Zaun brechen. Zum anderen braucht es Zeit, dass sich das im Gespräch Entwickelte wieder setzen kann. Obwohl die Lebenszeit eines Sterbenden knapp bemessen ist, sie also drängt, ist es selten ratsam, diese Zeit helferseits andauernd mit intensiven Gesprächen füllen zu wollen. In den Begegnungen der Hospizhelferin mit dem Sterbenden muss für Reflexion und Tiefgang genauso Zeit und Raum sein wie für Alltägliches.
Raum und Zeit professionell auszubalancieren, erfordert letztlich eine gute Wahrnehmung, Achtsamkeit für das, was geschieht, und waches Dasein im Hier und Jetzt.

Berührung:

Menschen aller Kulturen haben Formen entwickelt, sich die Nähe zueinander auch über Arten des Körperkontaktes zu zeigen. Dabei gibt es Formen, die auch in aller Öffentlichkeit ihren Platz haben, z.B. das Händeschütteln oder Schulterklopfen zur Begrüßung, und es gibt Formen, die der Privat- und Intimsphäre zuzurechnen sind, z.B. der Austausch von Zärtlichkeiten. In der Begleitung Sterbender vermischen sich öffentlicher und privater Bereich, sodass auch hier ein hohes Maß an Achtsamkeit gefordert ist, wenn Hospizhelferinnen professionell handeln wollen. Gerade die Pflege erfordert viel und oft Körperkontakt. Pflegende müssen den Körper berühren, wenn sie waschen, mobilisieren, Verbände machen etc. Die Rolle, die sie als Schwester oder Pfleger haben, erlaubt ihnen dieses Maß an körperlicher Nähe. Doch waschen ist nicht gleich waschen, einreiben nicht gleich einreiben. Pflegende in Hospizen und Palliativstationen bemühen sich daher sehr darum, verschiedene Berührungsqualitäten voneinander zu unterscheiden. So kann eine beruhigende Einreibung des Rückens oder eine Fußmassage eine sehr intensive Art des Berührens darstellen, ohne dass sie gleich schon zärtlich erscheint. Die Sensibilität für die eigenen Hände, das Handwerkszeug aller Pflegenden, zu entwickeln und zu verfeinern, ist eine wichtige Grundlage, als Pflegeperson professionell Balance zu halten zwischen Distanz und Nähe zum Sterbenden. Auch da, wo nicht die Pflege im Mittelpunkt des Kontaktes zwischen Hospizhelferin und Sterbendem steht, sondern der einfache Besuch und das Gespräch, kommt es zu Berührungen. In vielen Hospizbroschüren finden sich Abbildungen, auf denen eine Hand die andere hält, Symbol für die Zusage an die Sterbenden: Wir sind da für dich und begleiten dich. Wie ist das nun mit dieser Art der Berührung? Ist sie erlaubt? Vielleicht sogar unerlässlich in der Hospizarbeit? Die Versuchung ist groß: Da liegt der Sterbende in seinem Bett, hat vielleicht Schmerzen oder Angst, ich sitze daneben, kann ihm weder Schmerz noch Angst nehmen. Was liegt näher, als seine Hand zu ergreifen oder ihm über die Stirn zu fahren? Doch Achtung: Die Falle der privaten Nähe ist nahe und die ist ein schlechter Ratgeber für die Frage, ob Körperkontakt gut tut. Die goldene Regel lautet auch hier: Als Helferin muss ich achtsam sein. Vielleicht nehme ich Signale wahr, dass der Sterbende berührt sein will. Vielleicht sucht seine Hand die meine, die absichtslos auf seinem Bett ruht. Vielleicht weiß ich aus der Zeit vorher, dass er Berührungen eher zugetan war. Wenn ich solche Signale aufnehme und den Sterbenden berühre, dann tue ich das eindeutig, mit gutem, klaren Kontakt, nicht zögernd, flüchtig oder darüber huschend. Nur die eindeutigen, klaren Berührungen sind in der Lage, dem anderen zu vermitteln, dass ich als professionelle Begleiterin da bin. Bin ich mir unsicher, lasse ich im wörtlichen Sinne lieber die Finger davon und gestalte meine Begegnungen ohne Körperkontakt.

Gespräch:

Auch in den vielen Gesprächen, die sich im Laufe einer Begleitung ergeben können, zeigt sich diese professionelle Balance zwischen Nähe und Distanz. Ich will drei Aspekte benennen, in denen sich Nähe und Distanz im Laufe eines Gespräches zeigen.

Zuhören

Über das Zuhören als Gesprächskunst und höchst aktives Gestaltelement zwischenmenschlicher Begegnung sind ganze Bibliotheken geschrieben worden. Ganz zurecht befasst sich ein Teil der Vorbereitungsseminare für Hospizhelferinnen mit diesem Thema. Wenn es in der Begleitung Sterbender darum geht, dem Leben dessen, der sterben muss, Raum zu geben, dann ist sofort ersichtlich: Die Kunst des Zuhörens ist eine der vorzüglichen Gaben einer Hospizhelferin. Indem sie den Sterbenden zu Wort kommen lässt, ohne ihn gleichzeitig auszufragen, entsteht ein Raum, in dem der Sterbende tatsächlich sein Leben noch einmal ausbreiten kann: Das, was ihn bewegt , was er an Gutem erfahren und was ihn verletzt hat, was er als gelungen und was er als misslungen betrachtet, alles das erhält Raum dadurch, dass die Helferin die Kunst des Zuhörens versteht. Der Sterbende ist so in der Lage Lebensbilanz zu ziehen, für mach einen Sterbenden eine Voraussetzung, um versöhnt sterben zu können.

Durch das Zuhören entsteht so ein Raum, in dem große Nähe möglich wird.

Plaudern

Neben den vielleicht ganz intensiven Gesprächen der Lebensbilanz und des Loslassens gesellen sich andere Gespräche, die ich als Plaudern bezeichnen möchte. Ob es Gespräche über das Wetter sind oder über die aktuellen Fußballergebnisse, über Marmeladenrezepte oder den Urlaub im Schwarzwald, alle haben eines gemeinsam: Es sind Gespräche über Gott und die Welt. In ihnen kann der Sterbende noch einmal die Nähe zum ganz normalen Alltag erleben. Meist fühlen sterbende Menschen sich von dem Moment an, wo sie realisieren, dass ihre Zeit nur noch begrenzt ist, in einem permanenten Ausnahmezustand. Alles wird anders: das eigene Körpergefühl genauso wie die Reaktion der Umgebung. Dort, wo Hospizhelferinnen es schaffen, auch über das Plaudern zu vermitteln, dass der Sterbende immer noch zu den Lebenden zählt, kann das für den Betroffenen ausgesprochen entlastend sein. Eine Helferin mit professioneller Balance wird aktives Zuhören und Plaudern gut auspendeln. Beides kann für den Sterbenden wichtig sein.

Schweigen

So wie es verschiedene Arten zu reden gibt, gibt es auch verschiedene Arten zu schweigen. Es gibt ein Schweigen, das aus großer Distanz erwächst. Wenn ich weit weg vom anderen bin, kann es geschehen, dass ich nichts mehr zu sagen weiß.
Eine ganz andere Art des Schweigens ergibt sich beim aktiven Zuhören. Dieses Schweigen lässt bewusst Raum für den anderen und ist eher ein Erweis von Nähe. Eine weitere Art des Schweigens, bei der ebenfalls große und intensive Nähe eine Rolle spielt, erwächst aus dem, was ich das Ergriffensein vom Anderen nennen möchte. Es gibt Augenblicke im Leben, die eine so dichte Atmosphäre haben, dass jedes Wort störend wäre. Es gibt dann nichts mehr zu sagen oder zu kommentieren. In intensiven Gesprächen kann es solche Momente geben, gerade wenn mein Gegenüber ein Sterbender ist. Oder im Sterben selber. Das Sterben eines Menschen ist und

bleibt ein großes Geheimnis, das sich auch durch noch so viele und weise Worte nicht wirklich ergründen lässt. Die Religionen der Welt haben Rituale entwickelt, die mit Gebet, Litanei und Gesang dieses Unsagbare zu umschreiben suchen. Doch letztlich bleibt das achtsame Schweigen. Wer dies in der Begleitung Sterbender erlebt, wird in eine große Nähe hineingenommen, ist tatsächlich ergriffen vom Anderen. Eine professionelle Hospizhelferin wird sich, wenn sie denn am Sterbebett ihren Platz hat, diesem Geheimnis anvertrauen.

Was folgt daraus?

Professionelle Sterbebegleitung heißt nicht, dem Sterbenden stets überlegen und »cool« gegenüber zu treten. Die professionelle Balance lebt davon, dass ich mich als Helferin mit meiner Person nicht ausschließe, sondern einbinde in einen ausgesprochen lebendigen Beziehungsprozess mit dem Sterbenden. Die Professionalität erweist sich in der Art und Weise, wie bewusst und reflektiert ich diesen Prozess mitgestalte. Nur so kann sich ein durchweg spannungsvolles Hin und Her von beidseitig gewollter Nähe und notwendigem Schutzraum entwickeln.

Zur Motivation der Hospiz-mitarbeiterinnen und -mitarbeiter

Michael Spohr

Mir ist bewusst, dass Hospizinteressierte und bereits -mitarbeitende Motivationen recht unterschiedlicher Art mitbringen. Wenn ich nun also ein paar Gedanken zu eben diesen Motivationen verliere, so soll dies in keinem Fall wertend geschehen, sollen nicht schlechte, gute und vielleicht sehr gute Beweggründe zum Hospizdienst unterschieden werden. Alle Motivationen sind lebensgeschichtlich gewachsen, speisen sich aus persönlichen Erfahrungen, Wünschen und Hoffnungen und sind in meinen Augen allesamt wertvoll, gerade in ihrer Verschiedenheit.
Die Motivationen, bei Hospiz mitzumachen, sind aufs Ganze gesehen allerdings andere als bei den Menschen, die sich z.B. ehrenamtlich im Sportverein oder der Feuerwehr engagieren.

1. *Psychologisch* gesehen sind *Motivationen und Motive* zu unterscheiden. Motive sind zeitlich stabile, eine Person spezifisch »charakterisierende Wertungsdispositionen«, wie es der bekannte Psychologe H. Heckhausen formuliert hat. Motivationen hingegen sind stärker an einer konkreten Aufgabe bzw. Situation orientiert, beziehen sich dabei allerdings auf die Motive zum Handeln. Wie wir uns in konkreten Situationen, aber auch generell verhalten, hat überdies mit unseren Bedürfnissen bzw. mit den verschiedenartigen Zusammenstellungen unserer Bedürfnisse, den »Bedürfnisstrukturen« zu tun. Abraham Maslow, einer der Begründer der humanistischen Psychologie, unterscheidet »Wachstumsbedürfnisse«, wie die Bedürfnisse nach Erfüllung, Gerechtigkeit, Lebendigkeit, Schönheit, Einfachheit, Güte, Einzigartigkeit, Verspieltheit, Wahrheit, Bescheidenheit etc., von den so genannten »Mangelbedürfnissen« (zunächst sind dies die physiologischen Bedürfnisse nach Nahrung, Flüssigkeit, Unterkunft, Bekleidung, Sexualität, Schlaf, Sauerstoff, dann aber auch das Bedürfnis nach Sicherheit, Liebe, Zugehörigkeit und Achtung). Motivationen setzen sich also zusammen aus unseren grundlegenden Motiven und den Bedürfnissen, die in aktuellen Situationen oder einer möglichen Situation aktuell werden bzw. entstehen.
   Eine Motivation zum Engagement im Hospizbereich (meist liegt dann ein »Motivationsbündel« vor) kann z.B. das Bedürfnis nach Güte, Wahr-

heit und Einzigartigkeit, verbunden mit dem Bedürfnis nach Zugehörigkeit in einer »vorgestellten« Situation einer Sterbebegleitung verbinden.

2. vorweg möchte ich auf in meinen Augen zwei grundsätzliche und elementar wichtige *Umgangsweisen mit Motivationen* hinweisen:

- Hospiz(verein)e sollten die verschiedenen Motivationen zum Hospizdienst grundsätzlich »willkommen« heißen, weil sie wertvoll sind.
- Da diese Motivationen so wertvoll sind, dürfen sie im Laufe der Arbeit nicht »unter den Tisch fallen«, in der Begleitung der Hospizmitarbeiterinnen und -mitarbeiter wird die Motivation – und gerade der mögliche Wandel der Motivation – durchaus ein wichtiges Thema sein.

In Hospizvereinen und -initiativen finden sich recht unterschiedliche Menschen. »Ich hätte nie gedacht, dass ich jemals mit Frauen oder Männern, die sich so in meinem Freundes- oder Bekanntenkreis nicht finden, in einen solch intensiven und persönlichen Austausch gekommen wäre«, ist eine nicht selten anzutreffende Äußerung nach einer Zeit der Mitarbeit. Hospizler/innen machen diese Erfahrung in ihren Gruppen, weiten dadurch ihr »Welt- und Menschenbild«, bekommen mehr Verständnis für andere Lebensentwürfe und erwerben so eine wesentliche, wenn auch nicht genau ver- und berechenbare Befähigung, mit weitem Herzen verschiedensten Sterbenden und ihren Angehörigen zu begegnen.

3. Wer allerdings seine Motivation »gänzlich unter Verschluss« halten möchte (selbst nicht in einer Runde von Gleichgesinnten, also mit der Gewähr, dass alles Gesagte vertraulich und wohl wollend aufgehoben ist), über die eigene Motivation nicht sprechen will, von dem kann angenommen werden, dass er/sie meint, einen Erfahrungshintergrund zu haben, der mit Versagen, Scham und Misslingen zu tun hat, den es »um jeden Preis« zu verbergen gilt.
   Wenn die *Motivationslage* also *unausgesprochen* bliebe und eine innere Dynamik entwickelte, sodass jemand z.B. in der Absicht, Wiedergutmachung für das eigene »Versagen« im Zusammenhang mit dem Tod der Mutter leisten zu wollen, seine Kräfte im Einsatz ständig überschreiten würde, so wäre hohe Aufmerksamkeit vonnöten. An dieser Stelle tritt dann auch die Verantwortung des Vereines (oder der einsetzenden Stelle) dafür ein, dass der ambulant betreute Schwerkranke oder Sterbende sowie dessen Angehörige ein Recht darauf haben, nicht »missbraucht« zu werden für unreflektierte »Wiedergutmachung«. Ich möchte nochmals darauf hinweisen, dass es, wie ich im Folgenden auch noch darstellen werde, durchaus diese Motivation aus schlechten Erfahrungen heraus gibt und dass sie angenommen ist. Entscheidend ist allein, ob sie »im Verborgenen wirksam wird«,

oder aber durch das Aussprechen und Besprechen die mögliche »Missbrauchsgefahr« gebannt ist.

»Die kannste für die Sterbebegleitung nicht gebrauchen!«, »Von dem würde ich mich nie begleiten lassen!«, »Da fehlt aber noch einiges, was aufgearbeitet werden muss.«, oder »Wer weiß, was die für sich holen will, statt eine gute Begleitung zu machen?« – Solche und ähnliche Sätze fallen im Hospizkontext, meist im Gespräch zwischen Hauptamtlichen, schon einmal. Sie treffen den Kern der Frage danach, wer, wann und vor allem mit welcher Motivation befähigt ist bzw. »Zutritt erhält« zum hospizlichen Tun. In diesen Sätzen klingt durch, dass manche Skepsis bei den Verantwortlichen da ist, die sich aber vor allem an den eigenen Vorstellungen festmacht, wie denn Hospizmitarbeitende »beschaffen sein sollen« oder gar von wem sie sich wohl selbst begleiten lassen würden.[1]
Bei einem Gespräch mit der für die Ehrenamtlichen/Freiwilligen im St. Christophers Hospice in London Verantwortlichen kamen wir auf dieses Thema und sie betonte mir gegenüber, dass die Volunteers nicht unterschiedlich genug sein könnten, Sterbende und deren Angehörige seien es ja auch. Wir waren uns einig, dass es vor allem zwei Dinge sind, die Wichtigkeit in Bezug auf den Einsatz haben: Erstens, ob die Sterbebegleiter nicht nur gut vorbereitet, sondern sehr gut begleitet sind, zum Zweiten, ob sie an der richtigen Stelle eingesetzt sind. Beides Aufgaben der Verantwortlichen und nicht der Begleiter/innen!
Wenn also solche Sätze im Herzen getragen werden, oft nur in Supervisionen oder anderen »geschützten Räumen« ausgesprochen werden, dann ist es höchste Zeit, darüber in einen, vielleicht sogar streitbaren Austausch zu kommen, ehe Frauen und Männer, die sich auf den Weg machen, die schwere und sicherlich anspruchsvolle Sterbebegleitarbeit aufzunehmen, mit solchen »Urteilen« vor den Kopf gestoßen werden.
Damit ist keineswegs gesagt, dass jedermann und -frau (schon) zu jeder Zeit oder gar ohne Vorbereitung »auf Sterbende losgelassen« werden sollte. Meine Erfahrung mit unseren vielen Ehrenamtlichen ist die, dass sich durch ein bedarfs- und personangepasstes Befähigungs- und Begleitungsangebot enorme Reifungs- und Entwicklungsschritte einleiten lassen. Sollte jemand aus Sicht der Verantwortlichen nicht oder noch nicht für den Dienst geeignet erscheinen, so ist ein offenes und wertschätzendes Gespräch immer besser als ein ausweichender Umgang, z.B. das nicht-Einsetzen im ambulanten Dienst ohne Begründung.

4. Im Zusammenhang mit der Hospizarbeit sind mir im Übrigen nur zwei »*Ausschlussmotivationen*« bekannt:

- Zum einen ist es der starke Wunsch, beim Sterben eines Menschen dabei zu sein, um den »Kick« des letzten Atemzuges zu verspüren. Diese Faszination angesichts des Sterbens als Hauptmotivation zu Hospizmitarbeit ist höchst problematisch; es muss aber nicht eigens betont werden, dass es sicherlich ein besonderes Ereignis ist, beim letzten Atemzug eines Sterbenden anwesend zu sein; zu spüren, dass da ein Leben zu Ende geht, hat sicherlich eine eigene »Faszination« und Dichte, erzeugt einen »Hauch von Heiligkeit«.

- Zweitens berichten Aids-Hilfen und andere Dienste, die AIDS-Erkrankte betreuen, dass jemand, der »Schwule pervers findet« oder andere deutliche Vorbehalte gegenüber Homosexuellen hat, nicht gut bei einem solchen Dienst mitmachen kann. Sicherlich können wir alle unsere Vorurteile bearbeiten und verändern, eine Motivation, die solche Elemente enthält, ist aber nicht tragbar.

Sieben Motivationen von Hospizler/innen

Welche Motivationen lassen sich nun erkennen bzw. mit einiger Sicherheit vermuten?

1. *Der Wunsch, eigene Erlebnisse mit Sterben und Tod zu bearbeiten.* Manches Mitgehen im Sterben Angehöriger und Freunde konnte nur bruchstückhaft bleiben, ist vielleicht im Nachhinein auch von Scham- und Schuldgefühlen belegt. Dies lässt sich in einer Gemeinschaft von Hospizmitarbeitenden leichter aussprechen, bearbeiten und bewältigen. Hospizmitarbeitende berichteten mir, dass sie fest davon überzeugt sind, wenn es Hilfe z.B. in Form einer hospizlich-ambulanten Betreuung gegeben hätte, wenn sie über Ängste und Sorgen hätten sprechen können, sie sicherlich anders und besser das Sterben ihres Angehörigen hätten begleiten können. Das möchten sie anderen ermöglichen.

»Beim Sterben meiner Mutter bin ich richtig weggelaufen. Ich konnte es nicht mehr aushalten im Krankenhaus. Die Schwestern sagten mir, dass es nicht mehr lange dauern würde, aber ich merkte nur eines: Weg hier! Als ich zu Hause war, wurde ich immer unruhiger. Mutter hatte bis zuletzt in ihren eigenen vier Wänden gewohnt, von mir immer mehr versorgt. Als sie dann den Schlaganfall bekam und ich sie morgens fand, brach eine Welt zusammen. Im Krankenhaus dachte ich, dass sie jeden Augenblick sterben könnte, ich wusste ja nichts davon. Dann riefen sie mich an und sagten, dass sie gestorben sei. Ich war wie vor den Kopf geschlagen. Ich habe mir 18 Jahre lang Vorwürfe gemacht, dass ich nicht bei ihr geblieben bin. Erst in der Hospizarbeit habe ich davon richtig sprechen können. Heute weiß ich, wie gut es gewesen wäre, wenn ich jemanden an der Seite gehabt hätte, z.B. eine Hospizmitarbeiterin. Dann wäre ich nicht weggelaufen. Aber ich kann mir heute verzeihen.«

2. *Der Wunsch, eigenes positives Erleben von Sterben und Tod anderen mitzuteilen.* Auch heutzutage gibt es noch das Erleben eines »guten Sterbens«, bei dem die Angehörigen Abschied nehmen konnten, der Sterbende seine »Geschäfte« hat erledigen können, die Annahme des Todes einen annehmenden und nicht nur resignativ-hinnehmenden Charakter hatte, bei dem

der Schmerz nicht geleugnet, die Dankbarkeit für dieses zu Ende gehende Leben Raum hatte. Davon andern nicht nur zu berichten, sondern durch praktische Betreuungs- und Begleitungsarbeit dies zu ermöglichen, ist eine wichtige Motivation.

»Mein Vater ist im Kreise seiner Kinder und Enkel verstorben. Er war immer ein strenger Mann, ein wirklicher Patriarch. In seiner Krankheit wurde er weicher, hat meine Mutter nicht mehr so herumgescheucht und auch uns Kinder, die wir ja nun auch schon alle über 50 sind, je einzeln gewürdigt. Unsere Nachtwachen wechselten sich über die letzten zwei Wochen ab. Die ältesten Enkel machten mit, zu ihnen hatte Vater eine besondere Beziehung. Die Krankensalbungsfeier drei Tage vor seinem Tod mit uns allen war sehr ergreifend, er war ganz aufmerksam dabei. So wünsche ich, dass ich gehen kann. Schnell, plötzlich sterben will ich seitdem nicht mehr.«

3. *Der Wunsch, Menschen zu finden, die vor denselben Lebensfragen stehen und in einer vergleichbaren Lebenssituation sind.*
   Viele Hospizinteressierte und -mitarbeitende haben bereits Angehörige oder Freunde im Sterben begleitet. Dabei sind Fragen nach der eigenen Sterblichkeit, nach dem, was mein Leben trägt und ihm Sinn gibt, Fragen nach dem »Warum?« und nach der eigenen Zukunft aufgebrochen und aufgeworfen. Die Erwartung bzw. der Wunsch, in einer Hospizgemeinschaft mit diesen Fragen »an der richtigen Adresse« zu sein, ist völlig berechtigt und wird im Normalfall Erfüllung finden.

»Seit meine beste Freundin an Krebs gestorben ist, hat sich bei mir Wesentliches verändert. Das, was mir früher so wichtig war, ist überhaupt nicht mehr so wichtig: immer gut aussehen, fein Essen gehen, Urlaub. Sicher, ich kann es noch genießen, aber ich stelle mir andere Fragen, nach dem Sinn des Lebens, nach dem Sterben, nach dem, was nach dem Tod ist, aber auch, wie wichtig jeder einzelne Tag ist. In meinem Freundeskreis gibt es nur wenige, mit denen ich darüber sprechen kann, mit meinem Mann zum Glück auch, aber ich spüre, dass diese Fragen in meinem Leben jetzt ›dran‹ sind.«

4. *Das Bedürfnis, die innere Einstellung zu Sterben und Tod zu verwandeln.*
   Ohne bereits persönlich mit Leiden, Sterben und Tod im eigenen Umfeld konfrontiert gewesen zu sein, gibt es die Möglichkeit, dass in der eigenen Lebensgeschichte die Auseinandersetzung mit diesen existenziellen Themen »dran« ist. Hospizinteressierte wissen, dass sie im Rahmen der Selbsterfahrungsanteile der Befähigung und Begleitung der hospizlichen Arbeit genau diese Einstellungen anschauen, überprüfen und möglicherweise revidieren können.

»Dass das Leben nicht nur geradeaus geht, sondern noch so manches Schlagloch auf mich wartet, das weiß ich wohl, aber ich merke deutlich, dass ich beginne, mich mit der Angst vor

dem Sterben und dem Tod naher Angehöriger zu beschäftigen. Auch mein eigenes Sterben und mein Tod-Sein tauchen als Fragen auf.«

Nicht selten sind es Menschen, die andere Brüche in ihrem Leben erfahren haben als Sterben und Tod, Trennung und Scheidung, psychische Krisen, Behinderung, berufliche Abbrüche oder Ähnliches. Schnell könnten Hospizverantwortliche dann sagen: »Nun schauen Sie doch erst einmal, dass Sie ihre Probleme bearbeitet bekommen, ehe Sie bei uns mitmachen wollen!« – Und sicherlich ist es wichtig, dass Frauen und Männer, die sich auf Hospiz einlassen, nicht gänzlich durch eigene Trauer oder andere starke und akute Belastungen belegt sind. Im Rahmen meiner hospizlichen Erfahrung hat sich aber gezeigt, dass gerade die Menschen, die eigene »Wunden« haben und spüren, eine gute Sensibilität für Schwerkranke, Sterbende und deren Angehörige entwickeln. Wichtig ist hier die gute Begleitung, damit nicht im Mit-Leiden primär das eigene Leiden reproduziert wird und die Betroffenen möglicherweise aus dem Blick geraten.

5. *Der Wunsch, die eigene zur Verfügung stehende Zeit sinnvoll und nicht fremdbestimmt zu verbringen.*
   Selbst bestimmtes und selbst ausgewähltes Engagement ist ein Vorteil der freiwilligen bzw. ehrenamtlichen Arbeit gegenüber der Erwerbsarbeit, die deutlich stärkere Zwänge in sich birgt. Die eigene Motivationsstruktur hat, wenn sie sich stark auf die oben genannten »Wachstumsbedürfnisse« bezieht, eine deutliche Tendenz dazu, Sinn-volles zu tun. Was sich im konkreten Fall, bei der konkreten Frau, dem konkreten Mann als sinnvoll darstellt, kann sehr unterschiedlich sein. Übereinstimmend fand ich bei fast allen Hospizler/innen eine starke Motivation, durch das konkrete Handeln mit konkreten anderen Menschen der »hehren« Motivation, die da lautet, »gesellschaftliche Einstellungen zu Sterben, Tod und Trauer zu verwandeln und zu einer erneuerten Kultur des Sterbens und Abschiednehmens beizutragen«, sozusagen Hände und Füße zu geben.
   Wer aber freiwillig mitmacht, die/der darf auch gehen, wenn sie/er will: »Wer nicht gehen kann, kann auch nicht bleiben!« – Das Prinzip der Freiwilligkeit ist so grundlegend, dass es gerade im sehr persönlich berührenden und anrührenden Bereich der Sterbe- und Trauerbegleitung höchste Priorität haben muss. Hier ist auch deutlich, dass es sehr wichtig ist, wenn jemand seinen Dienst beendet, geeignete Formen des Dankes und der Verabschiedung zu finden, selbstverständlich auch klärende Gespräche zu versuchen über die Motivationen, d.h. über möglicherweise bisher verborgene Kritik oder Ärgernisse, die zum Abschied führen.

6. *Die Erwartung, durch eine professionelle Begleitung im Hospizdienst fürs »eigene Leben« zu lernen.*
Hospiz ist neben der Telefonseelsorge der Bereich der überwiegend ehrenamtlich getragenen psycho-sozialen Arbeit, der die ausgearbeitetsten und erprobtesten Konzepte zur Befähigung und Begleitung bereithält. Dies ist ein Pfund, mit dem »gewuchert« werden kann. Andere Bereiche des sozialen Ehrenamtes sind oft sogar »neidisch« darauf, wie viele und wie stark engagierte, aber auch wie selbstbewusste, d.h. ihrer Kompetenz und Leistung bewusste Frauen und Männer bei »Hospiz« mitmachen.
Es hat sich eben herumgesprochen, dass das Lernen fürs eigene Leben und für andere Lebensbereiche durch die professionelle Begleitung in Gruppen, Seminaren, Kursen, Praxisbegleitung und Supervision viel »bringt«.

»Ich bin fast traurig darüber, dass ich über 50 werden musste, um eine solche Gruppenerfahrung machen zu dürfen. Hier sind Menschen, denen ich gelernt habe zu vertrauen, die – so anders sie auch sind – für mich eine große Bereicherung sind. In den Gruppentreffen und den Seminaren entsteht eine Atmosphäre von Wertschätzung und Vertrauen, wie ich sie – jedenfalls in einer Gruppe – noch nie erlebt habe. Die Gruppen- und Seminarleiter und -leiterinnen sind uns da eine große Hilfe. Und vor allem: Es geht nicht immer todernst zu, sondern sowohl Freude als auch Leid werden geteilt.«

7. *Die Hoffnung, im eigenen Sterben durch die Einbindung in eine Gemeinschaft aufgehoben zu sein.*
Diese Motivation ist für mich viele Jahre eines der »schlagendsten Verkaufsargumente« für Hospizmitarbeit gewesen: Wer selbst hospizlich begleitet sterben will, sollte dafür sorgen, dass es im Umfeld solche Dienste und Einrichtungen gibt, sich also dafür persönlich einsetzen.

Mit der Erkrankung und dem Sterben der ersten Ehrenamtlichen meiner Gruppe in unserem Hospizverein wurde dieses »Verkaufsargument« zu einer intensiven, berührenden und verbindenden Erfahrung. Über zwei Jahre hinweg haben wir sie in Höhen und Tiefen miterlebt, haben ihren Mann und ihre drei Töchter begleitet. Sie hat uns – dies ist einer der Standardaussagen in der Sterbebegleitung – und ihren Angehörigen mehr gegeben, als wir ihr geben konnten. Hier war zu spüren: Es war und ist gut, dass Menschen sich hospizlich engagieren, jede und jeder wird alleine gehen müssen, aber hoffentlich nicht allein gelassen!

Praxisbegleitungsgrundsätze

Auch im Zusammenhang mit den Motivationen der Hospizmitarbeitenden gelten dieselben Prinzipien, die auch in der Begleitung der Sterbenden und ihrer Angehörigen gelten:

- Verständnis und Anteilnahme,
- Ehrlichkeit und Echtheit,
- Nähe und Wärme!

Werden diese Prinzipien in der Befähigung und Begleitung praktisch wirksam, so können wir davon ausgehen, dass die Hospizmitarbeitenden gute, ja beste »Begleitungsarbeit« leisten und ihre Motivationen ein guter »Motor« ihres Tuns werden, ohne dass sie sich überfordern.

Folgerichtige Konsequenz aus den dargestellten Motivationen ist m.E. eine personenangemessene und wertschätzende Begleitung der Praxis der hospizlichen Arbeit, die ich in zwei Grundsätze fassen möchte:

1. Die Praxisbegleitung soll bedürfnisangepasst sein. Dies bedeutet, dass wir kein »Einheitssystem« in Ausbildung und Begleitung aufstellen und »durchziehen«. Eine stufenweise Begleitung im »Bausteinsystem« ist den Einzelnen und ihren Vorerfahrungen mehr angemessen als ein einheitliches »Ausbildungssystem«. Der Schwerpunkt sollte die Praxisbegleitung (in Seminaren, Kursen und Einzelveranstaltungen) und die davon unterschiedene Supervision sein. Zugegebenermaßen ist dies nicht so leicht zu Gewähr leisten wie ein »Einheitssystem«.[2]

2. Die Kompetenzen der Mitarbeitenden sollen »ins Spiel gebracht« werden. Sie bringen die Fähigkeiten und Fertigkeiten zum allergrößten Teil mit, derer es im Hospizdienst bedarf. An diesen Fähigkeiten kann fördernd gearbeitet werden. Die kompetente Begleitung der Begleiter in einer Gruppe bzw. bei Seminaren etc. weitet die persönlichen Erfahrungen und lässt den Anteil der Selbsterfahrung, den Wissensanteil, die Förderung der Haltungen für die Sterbe- und Trauerbegleitung sowie das Erlernen von konkreten Handlungskompetenzen wachsen.

Anmerkungen

1. Weiterführend zum Thema Haupt- und Ehrenamtliche: *Michael Spohr.* Ehrenamtliche und berufliche MitarbeiterInnen in der sozialen Arbeit am Beispiel der Hospizarbeit: Wege zum Menschen 7/2000, 45-54.
2. *Michael Spohr:* Ausbildung und Begleitung im ambulanten Hospizdienst: *D. Deter, K. Sander und B. Terjung (Hg.):* Praxis und Anwendungsgebiete des Personzentrierten Ansatzes, Köln 1996, 113-124.

Fremd anmutendes Erleben Sterbender

Matthias Schnegg

Schwarze Männer und schwarze Frauen

Die Kranke berichtet in großer Aufregung, schwarze Männer und eine Frau kommen in ihr Zimmer und bedrohen sie. Sie liegt wie tot im Bett, voller Angst und Not. Die Männer sind sehr groß und stark, Zigeuner, die kein Wort sprechen. Sie legen immer eine Hand auf die Sachen im Zimmer und wollen sie mitnehmen. Die Frau kann nichts dagegen tun. Sie liegt angstgefüllt im Bett und muss alles mit ansehen. Sie versucht die Leute anzusprechen, aber die reagieren nicht. Die lassen nicht mit sich verhandeln. Die schwarze Frau steht an der Eingangstür an der Seite. Sie schaut nur auf die Kranke. Sie tut nichts, sagt nichts, wartet.
Die Kranke kann die Gestalten nicht ganz genau erkennen. Das mehrt die Angst.
Die Kranke fleht mich an: Nehmen Sie doch diese »Zigeuner« weg. Und während sie das mit angstgeweiteten Augen sagt, zieht sie die Bettdecke noch näher an sich, unfähig sich zu rühren, voller Sehnen, dass ich sie befreie von diesen Gestalten ...

Die Qual halluzinatorischen Erlebens

Jeder, der sich mit solchen Bildern Sterbender auseinander setzen will oder muss, weiß, wie schwer es ist, diese Angst zu nehmen. Der Hinweis, dass Sie keine »Zigeuner« im Zimmer sehen, hilft ebenso wenig wie die tapfere Lüge, Sie verscheuchten diese ungebetenen Gestalten sofort. Sie erleben vielmehr eine Angst, die Sie vielleicht zu deuten wagen – wie in diesem Fall die Vermutung der Auseinandersetzung mit dem Tod nahe liegt; aber damit haben Sie wenig wirklich Hilfreiches bewirken können. Die Angst ist da, die Gestalten sind da, die legen ihre Hand auf Gegenstände im Raum, und keine Macht der Welt scheint das verhindern zu können. Nicht selten mischen sich Enttäuschung und Wut gegen den Besucher, der dem Spuk nicht nur keine Ende bereiten kann, sondern – so die Mutmaßung der Kranken – es auch nicht will.
Oft bleibt viel Hilflosigkeit, viel Unverstehen, Anspannung und Enge. Die Sterbende ist einer Wahrnehmung ausgeliefert, die die Umstehenden nicht

teilen können. Die Zugehörigen sind ohnmächtig, weil sie weder die Ursache der Not sehen noch irgendeine Idee haben, wie hier angemessen geholfen werden kann.

Das Phänomen halluzinatorischen Erlebens

Vielleicht ist es fürs Erste hilfreich, dem Wahrgenommenen einen Namen zu geben. Es ist nicht ganz einfach, hier eine sachgerechte Zuweisung auszusprechen. Im psychiatrischen Denksystem gibt es drei Hauptbegriffe, mit denen die Abweichung von der realistischen Wahrnehmung als Sinnestäuschungen und Wahrnehmungsstörungen beschrieben wird[1]:
Halluzinationen sind Wahrnehmungserlebnisse, die keinen wirklichen Sinnesreiz haben. Es entwickeln sich Bilder aus der Innenwelt. Alle Sinne können hier angesprochen sein. Die Person erkennt den Trugcharakter ihrer Wahrnehmung nicht. Der Bezug zur Wirklichkeit ist blockiert. Halluzinationen kommen im Zusammenhang mit krankhaften Psychosen vor, auch in erschwerten Trauerzusammenhängen.
Pseudohalluzinationen sind Erscheinungsbilder, die den Halluzinationen vergleichbar sind. Sie unterscheiden sich aber wesentlich dadurch, dass die Person zu einer Distanzierung und einem kritischen Realitätsurteil zugängig ist. Diese Form der Wahrnehmung ist u.a. bei Ermüdung, Erschöpfung und in besonderen emotionalen Anspannungen zu finden. Das Festhalten an diesen Wahrnehmungsbildern verflüchtigt sich, wenn die dahinter stehende starke Gefühlsaussage erkannt, ausgesprochen und angenommen worden ist.

Illusionen nennt man Fehldeutungen von tatsächlichen Sinneseindrücken. Sie unterwerfen sich schnell der neuen Einsicht einer Wirklichkeitsprüfung.

Die Bilder und das halluzinatorische Erleben Sterbender

Es wird für den nicht geschulten Begleitenden eines Sterbenden nicht leicht sein, die für ihn fremd anmutende Rede des Sterbenden fachgerecht einzugruppieren. Das ist auch für den »normal Begleitenden« in Familie, Nachbarschaft und Hospizdienst nicht nötig. Es wird hilfreich sein, sich an das Verstehen dieses Phänomens der halluzinatorischen Bilder heranzutasten und aus dem Verstehen des Vorgangs auch mögliche hilfreiche Formen der gerechten Begegnung zu entwickeln. Denn die Sterbenden haben ein Recht, auch in diesen vermeintlich verrückten (der uns üblichen

Zugängen zur Wirklichkeit tatsächlich ver-rückten) Bildern verstanden und getragen und begleitet zu werden. Wenn diese Bilder einen anmutigen, paradiesischen Ausdruck haben, sind sie leichter anzunehmen; wenn sie aber bedrohliche, Angst treibende Formen entwickeln, dann ist ein gerechter Umgang und Zugang noch einmal mehr gefragt. Wer vom Phänomen solcher Bilder nichts kennt, reagiert überwiegend mit Überforderung, versucht zu verscheuchen, was nicht einfach so zu verscheuchen ist, versucht es »im Guten« wie auch »im Bösen«, versucht es mit Überhören, mit Drohung, mit Lächerlichmachen, mit Kontaktsperre. Jeder ahnt, welche zusätzliche Katastrophe sich im von schlimmen Bildern geplagten Sterbenden zusammenbraut. Stress ist unvermeidbar. Und Stress wird sich auch hier als Brunnenvergifter erweisen, der alles noch unzugänglicher macht – bis hin zu unerreichbaren verrückten, verwirrten Zuständen. Ohne es selbst durchlitten zu haben, so gibt es doch eine Vorstellung, welche Höllenqualen Menschen aushalten, wenn sie im großen Prozess des Sterbens auch noch dem Unverständnis und der Abwürdigung ihrer ganz existenziellen Empfindungen ausgesetzt sind.

Diese Gedanken wollen helfen, hier Zugänge zu eröffnen. Meine Erörterungen können nicht alles auflösen, werden auch nicht weiterhin Ohnmacht und Angst und Stress und Überforderung vermeiden. Aber es ist viel gewonnen, wenn es wenigstens ab und an gelingt, dem Anliegen des Sterbenden gerecht zu werden und ihn aus seiner Angst etwas lösen oder ihn in dieser Angst mit aushalten zu können. Wissen um die Vorgänge bei halluzinatorischem Erleben können hilfreich sein, sich als Zugehöriger dieser Begegnung menschengerecht zu stellen.

Was passiert körperlich bei halluzinatorischem Erleben?[2]

Unser Gehirn verarbeitet Informationen von außen und von innen. Es bedient sich der Erinnerung und der aktuellen Eindrücke. Äußere Impulse und schon gespeichertes Wissen im Gehirn fügen sich zum Erkennen zusammen. Wir verfügen über drei »Gedächtnissysteme«[3], auf denen unser Erinnern und Wahrnehmen fußen:

1. Das sensorische Gedächtnis, mit dem wir einen Sinnesreiz von außen für ein bis zwei Sekunden festhalten können. Wenn es schnelle Entsprechungen bzw. Ankopplungsmöglichkeiten im gespeicherten Wissen des Gehirns gibt, wird diese Information aufgenommen und verarbeitet. Wenn

aber dieses Andocken z.B. wegen verlangsamter Verarbeitung oder wegen Sinnesüberflutung oder anderer Stressfaktoren in der kurzen Zeit nicht geleistet werden kann, verfallen diese Gedächtniseindrücke. Hier erklärt sich, warum Verwirrung zunimmt, wenn man in der Hirnleistung eingeschränkte Menschen mit zu vielen Impulsen überfordert oder unter seelischen Stress setzt oder sie darin weiß. Das Gehirn hat gar keine Chance, neue Impulse aufzunehmen.

2. Das Kurzzeitgedächtnis hält für zwanzig Sekunden als Information bereit, was wir gerade erlebt haben. In dieser Zeit wird die Möglichkeit eröffnet, die Wahrnehmung von außen mit dem Wissen des Gehirns zu verknüpfen. Ein biochemischer Vorgang wandelt die Impulse in Proteine um, die dann die Information festhalten und zur Einspeicherung bzw. zur Verknüpfung mit vorhandenem gleichen oder ähnlichem Wissen und Erinnern führt. Auch hier leuchtet ein, dass ein (durch Alter und/oder Krankheit) verlangsamter Stoffwechsel die Leistung des Kurzzeitgedächtnisses ebenso beeinträchtigt wie Stress, der so verwirrt, dass über zwanzig zur Verfügung stehende Speichersekunden nichts gehalten werden kann.
3. Der größte Schatz des Wissens liegt im Langzeitgedächtnis. Hier ist alles enthalten und irgendwie abrufbereit, was je einen festen Speicherplatz im Gehirn gefunden hat. Hier sind die unterschiedlichsten Sachkenntnisse und Emotionen als Erinnerung berühr- und abrufbar.

Wie entstehen halluzinatorische Erlebnisse?

Die Wissenschaft ist sich letztlich nicht sicher, wie Halluzinationen und andere Sinnestäuschungen geschehen. Sicher ist, dass Gewaltiges in Menschen geschieht, die solchen Wahrnehmungsarten unterliegen.[4] Unser Gehirn kennt verschiedene Formen des Bewusstseins: Im *Wachzustand* reguliert das Bewusstsein sich durch die Kontrolle an der Wirklichkeit. Wir klammern automatisch alles aus, was nicht unserem Blick auf die Wirklichkeit entspricht. »Vernünftige« Menschen sehen im Wachzustand nur das, was wir als normale Realität filtern. Nur das, was uns nach Maßgabe gesellschaftlicher Übereinkunft sinnvoll erscheint, nehmen wir im Wachzustand als Wirklichkeit auf. Menschen, die nach gesellschaftlicher Übereinkunft »verrückt« sind, leisten sich eine Vermengung ihrer Wahrnehmungsfülle mit dem, was sonst an Impulsen in der unerschöpflichen Fülle ihres Gehirnwissens zur Verfügung steht[5]. Es scheint ein Segen zu sein, die Wirklichkeit im Wachzustand nur ausgesucht wahrzunehmen. Sonst erschlügen uns die schier unbegrenzten Möglichkeiten, die unser Gehirn uns als Stoff anzubieten hätte.

Im *Traum* hingegen erleben wir ein deutlich erweitertes, z.B. auch durch gesellschaftliche Übereinkünfte nicht reguliertes Bewusstsein. Im Schutz des Schlafes werden die äußeren Kontrollen der Wahrnehmung ausgeschaltet. Jeder weiß, wie »verrückt« Traumbilder sein können, wie die vermeintlich absurdesten Dinge zusammenfinden und ein Elefant in einer Kaffeetasse auf einer Wolke tanzend mit dem Präsidenten einer afrikanischen Republik telefonieren kann ...

Halluzinatorisches Erleben ist so eine Aufhebung der Grenzen, die ein gesunder Mensch im Wachzustand hat. Der Gesunde kann sich in der Wahrnehmung beschränken auf das, was er in einer bestimmten Situation als hilfreich verarbeiten und sich zu eigen machen kann – im Unterschied zu in akuter Psychose befindlicher Menschen.

Was im Gehirn geschieht, wenn das Bewusstsein erweitert ist – geschieht auch in der erweiterten Wahrnehmung Sterbender. Die sonst übliche Kontrolle an der sichtbaren Wirklichkeit der Außenwelt wird übersprungen. Äußere und innere Informationsflüsse vermengen sich und werden zu einer Welt, einer dem üblichen Wahrnehmen ver-rückten Welt.

Bei halluzinatorischem Erleben geschieht im Gehirn ein Austausch an Informationen, an Bildern und Wissen und Empfindungen, die sich abgekoppelt haben vom Filter der Wirklichkeit draußen. Unter den besonderen Einflüssen (bekannt bei Drogenkonsum, so aber auch Stress, auch Stress im Ahnen des eigenen Sterbens) funktioniert das filternde Wahrnehmungssystem der Realitätseindrücke von außen nicht mehr. Da fließen (unzählig mögliche) Innenbilder des Langzeitgedächtnisses mit Außenbildern der konkreten Wahrnehmung unkontrolliert zusammen. Dann sind Wahrnehmungen möglich, die sonst im Traumgeschehen zugelassen sind.

Ein Sterbender ist unter besonderen Einflüssen. Emotional bewegt sich vielleicht so viel, dass unter diesem Stress ein ungeheuerer Druck erzeugt wird, der keine Möglichkeit hat, sich zu entlasten. Wie ein Überdruckventil scheint es dann, wenn ein Mensch in dieser Situation aus der Fülle der möglichen Innenwahrnehmungen des Langzeitgedächtnisses sich Luft verschafft, indem äußere Eindrücke mit einem Teil der Innenüberreizung verbunden werden. Dann kann es geschehen, dass altes Angst- und Verlustwissen im Gehirn gespeichert und mit Zigeunern und Wegnehmen und Ohnmacht und Gewalt verbunden ist und die Sterbende sich nicht anders zu helfen weiß, als ihre Angst und ihren Verlust und ihre Ohnmacht (vor dem Tod?) in dieses vermeintlich verrückte Bild zu fassen.

Wenn dieses rein physiologisch (d.h. sich aus der Logik des Körpers »Physis« ergebend) so deutmöglich ist, dann verbietet sich jede Bewertung eines solchen Erlebens. Dann gebietet es Respekt und den Versuch, diesem Menschen zu helfen, sein Erleben ausdrücken zu können und darin Unterstützung und nach Möglichkeit gar Entlastung zu finden.

Halluzinatorisches Erleben bedient sich der Sinne

Der Zugang zu halluzinatorischem Erleben ist kein unüberbrückbares Geheimnis. Der Stoff, aus dem die Halluzinationen sich bilden, ist nichts anderes als die unermessliche Fülle dessen, was in einem menschlichen Gehirn gespeichert sein kann. Dass das unendlich viel und gespenstig verwegen sein kann, ahnen wir. Um den Sterbenden wie uns als ihm Zugehörigen den Zugang zu ermöglichen, ist es wichtig, alle in den Bildern angesprochenen Sinne wahrzunehmen und ihnen im Rahmen der Möglichkeiten Ausdruck zu verleihen. Die halluzinatorischen Erlebisse finden im Hören, Sehen, Tasten, Riechen, Schmecken statt.
Halluzinatorisches Erleben ist für alle Beteiligten ein hoch emotionales Erleben. Hinter dieser Emotion steht eine Erfahrung, die sich vielleicht durch die Wucht des Erlebens an sich gar nicht äußern kann und in dieser Unerreichbarkeit zu allem den Stress vermehrt. Es kann ein Ziel der Begleitung Sterbender in ihren erweiterten Wahrnehmungen sein, die emotionale Botschaft zu heben, die in diese Erlebensform sich eingewoben hat.

Möglicher Zugang zu halluzinatorischem Erleben Sterbender

Mein persönlicher Zugang eröffnete sich in der Begegnung mit Sterbenden und deren Angehörigen. Hohe Achtung steht vor denen, die mit solchen oft sehr angstbesetzten Bildern kämpfen müssen, hohe Achtung vor denen, die als Pflegende diese Kämpfe oft wieder und wieder erleben und mit durchleben müssen. Gerade weil hier meist eine geballte Erfahrung der Ohnmacht mitgeht, wage ich, eine kleine Möglichkeit des Zugangs zu beschreiben, die mir aus der eigenen Begegnung mit Sterbenden zugewachsen ist. Diesen Zugang mit relativer Gelassenheit zu erspüren und zu erproben war möglich, weil ich immer nur ganz begrenzt mit den Sterbenden zusammen war. Es macht einen Unterschied, wie nahe emotional und räumlich, manchmal unentrinnbar nahe einer dem Sterbenden ist. Zu große Nähe wirft andere Themen auf, die dem gelassenen Leben mit halluzinatorischen Bildern Sterbender im Wege stehen können.
Sterbende leben anders als die Nichtsterbenden. Sie verhalten sich oft anders, sie reden oft anders, sie reagieren oft anders. Viele versuchen, mit nicht sel-

ten moralischen Verweisen den halluzinierenden Sterbenden zu begegnen. Viel Kampf, viel Verletzung entsteht. Es ist ganz wichtig, dies alles von moralischen Wertungen zu lösen.
Ebenso gut tut es, sich vorschneller psychologisierender Deutungen zu enthalten. Als Erstes steht die Achtung vor dem, was auch rein körperlich geschieht. Untersuchungen von Neurologen[6] zeigen, dass manches medizinische Ursachen hat, was von anderen eilfertig als psychologisches Erscheinungsbild gedeutet und bewertet wird. Die Anerkenntnis möglicher physiologischer Hintergründe wird zum Schutz für die Betroffenen. Gerade da, wo psychologische Erklärungsmuster sich geradezu gelockt fühlen, vor allem bei psychologisch Halbgeschulten, ist der nüchterne Blick auf die körperlichen Gesetzmäßigkeiten hilfreich und schützend. Die physiologische Erklärung ist gewiss nicht die einzig mögliche und gültige; sie aber im psychologisierenden Übereifer zu übergehen, wird dem Menschen nicht gerecht. Solche Erklärungen sind auch für Fachleute längst nicht immer offensichtlich. Als – überwiegend nicht professionell – Begleitender aber zu wissen, dass hinter den so fremd erscheinenden halluzinatorischen Erlebnissen auch ganz sachlich-physiologische Ursachen zu vermuten sind, entlastet, überfordert die Betroffenen nicht und löst von Ansprüchen, die gerne mit psychologischen Erklärungsmustern verbunden werden – so als müsse der Sterbende sich doch nur etwas mehr anstrengen, um z.B. keine »Zigeuner« zu sehen oder keine Stimmen zu hören ... Wenn Fehlleitungen im Gehirn die Ursache sind, ist auch klar, dass noch so psychologisch gute Begleitung das Bild nicht auslöschen kann. Dann besteht die Hilfe darin, das Erleben mit auszuhalten und durch angemessene Zuwendung es durchhaltbarer zu machen versuchen. Alle unsere Lebensäußerungen fußen auf der Funktion des Gehirns. Bei Wahrnehmungsstörungen wird so augenfällig klar, wie sehr physiologische und psychologische Zusammensicht die Möglichkeit des Verstehens eines Menschen erweitern. Das gilt auch für die Begegnung mit den halluzinatorischen Erlebnissen der sterbend Kranken.

Wie die Erklärungen zum Entstehen der Halluzinationen zeigen, folgen die Sterbenden hier den Regeln und Gesetzmäßigkeiten ihres Körpers, der Physio-Logik. Es geht um die Beachtung dieser Physio – Logik, der Regel des Körpers ebenso wie die Beachtung der Psycho-Logik, der Regel der Seele.
Die Anerkennung der körperlichen Gegebenheiten ist eine sehr wichtige Voraussetzung, um das Leben mit diesen Erfahrungen anzugehen. Sie nimmt im besten Fall Stress von den Begleitenden und damit automatisch auch vom Sterbenden. Alle Überforderung fördert letztlich den Grad der Verwirrung, die durch halluzinatorisches Erleben ausgelöst ist. Wenn es möglich

ist (was einen Angehörigen oder professionell Pflegenden in der Pflegesituation oft genug auch überfordert), hilft dem Sterbenden in diesem Zustand ein offenes Zu- und Umgehen mit dem Erleben.

Mut zum Zugang auf halluzinatorisches Erleben

Die Ermutigung, auch in solchen verrückt erscheinenden Wahrnehmungen einen Ausdruck der Seele zu finden, habe ich durch den Begründer des Psychodramas, Levi Moreno, erfahren. Er geht von einer großen schöpferischen Kraft aus, die in jedem Menschen lebt. Alle Äußerungen des Lebens sind Teile dieser schöpferischen Kraft und drücken etwas von der Einzigkeit des Menschen aus. Es ist nicht selten, dass Menschen keinen Zugang finden zu dem, was an schöpferischem Ausdruck sich zeigt. Eher wird alles Unnormale als bedrohlich zurückgedrängt.
Ermutigt durch diesen Ansatz, ist denkbar, dass auch die halluzinatorischen Erfahrungen eine schöpferische Kraft haben – eben als Ausdrucksform dienen für ein tiefes Erleben. Um sich diesem Erleben annähern zu können, kann hilfreich sein:

1. *Wertschätzung dieses Erleben*
   Weil es durch den Sterbenden ausgedrückt wird, ist es da, ist es eine Realität.
   Sich mit seinem Schrecken, seinem Erleben zu beschäftigen ist eine erste, fundamentale Hilfe. Ich nehme diesen Menschen ernst, einen Menschen, der vielleicht schon an seinem eigenen Verstand zweifelt (und darunter leidet), weil er nicht Herr dieses Erlebens wird und sich ganz der Angst ausgesetzt weiß. Die Wertschätzung des Erlebens mindert durch die Wertschätzung der Person etwas vom Stress.

2. *Sich auf das angebotene Erleben einlassen*
   Ich nehme das Erleben auf. Ich werte nicht, ich versuche nicht mit Sachargumenten die Unsinnigkeit der Behauptungen des Kranken abzuschmettern. Ich mache nicht lächerlich, stimme aber auch nicht ein, dass ich selbst – z.B. – die »Zigeuner« im Raum sehe, die Gegenstände anfassen. Ich lasse mich auf das Bild ein, indem ich es höre und mir und dem Erzählenden die Möglichkeit eröffne, mehr von diesem Erleben zu erfassen. Hilfreich ist es, behutsam sich diesem Bild anzunähern, es zu entzaubern, indem man darüber sprechen kann, und es zu erwärmen, damit es sich entfalten kann. Dieses Entfalten dient nicht der Mehrung des Schreckens. Es dient dem Aufspüren der emotionalen Qualität, die sich hinter

diesem Erleben verbirgt. Wenn es gelingt, diese Emotion in Worte fassen zu können, wird sie damit nicht aufgehoben, aber sie verliert etwas an gespenstiger Kraft. Für etwas einen Namen zu finden, dies mit anderen teilen zu können, kann schon entlastend sein – selbst wenn, wie im Eingangsbeispiel beschrieben – dann die »Zigeuner« nicht plötzlich und für immer aus dem Zimmer verbannt sind.

3. *Das Erlebte entfalten*
Der Begleitende ermutigt den Kranken, in kleinen Schritten das erlebte Bild zu entfalten. Hier sind viele kleine Details hilfreich, um den Erlebenshorizont für den Sterbenden, aber auch für den Begleitenden zu erweitern. Dem Sterbenden kann im Erzählen die emotionale Botschaft deutlicher werden, dem Zuhörenden ein besseres Verstehen und gegebenenfalls auch helfendes Begleiten eröffnen. Das Psychodrama nennt dieses Entfalten sinnig »Erwärmen«. Im vom Begleitenden angeleiteten Erzählen wird etwas warm, erlebbar, nicht nur in seiner Bedrückung, sondern auch in einer Distanzmöglichkeit, die durch das Reden darüber geöffnet werden kann.
Im vorgegebenen Beispiel hieße das, sich die von der Sterbenden gesehenen Personen möglichst genau beschreiben zu lassen, wie groß, wie alt, welche Kleidung sie tragen, welcher Gesichtsausdruck (oder, wenn eben keiner, wie dieses »keine Gesichter« sich darstellt, als Nebel, als verzerrte Fratze usw.). Sprechen die Gestalten, mit welchem Tonfall? In welcher Körperhaltung sind sie da? Wie ist die Beschaffenheit des Raumes, in dem sie stehen – welche Lichtverhältnisse, welcher Duft ... Die Erwärmung umfasst möglichst viele Sinneswahrnehmungen, um einen möglichst breiten Raum der Erfahrung zu erschießen.

4. *Die Botschaft des Erlebten ergründen*
Wenn das Erlebte in seiner Erlebnismöglichkeit erschlossen ist, dann kann der Versuch unternommen werden, die emotionale Qualität des Erlebten zu benennen. Im hier erzählten Fall haben die »Zigeuner« einen Sitz im Leben dieser Sterbenden aus Kindertagen gehabt. Sinti und Roma waren Fahrensleute, die der deutschen Sprache nicht mächtig waren. Sie sprachen nicht. Sie gestikulierten und machten dadurch dem Kind Angst. Sie bedrohten durch ihre Fremdheit im Auftreten und im Handeln. Diebstahl und ohnmächtiges Aushalten sind Erlebniswelten der Sterbenden gewesen – alles aus dem unergründlichen Speicher ihres Langzeitgedächtnisses. Je älter das darin gespeicherte Wissen, umso länger verfügbar ist es. Über diese Verbindung zum alten Wissen war es möglich zu reden,

nachdem die Szene des halluzinatorischen Erfahrens erwärmt und damit präsent war.

Es wäre überhaupt nicht hilfreich, der Sterbenden hier beibringen zu wollen, dass dies ein überholtes, ein ungerechtes, ein vorurteilendes Erleben von »Zigeunern« ist. Die Wertschätzung der Person muss sich lösen von allen Be-Wertungen. Was zählt ist allein das Erleben der Kranken – egal, ob das objektiv richtig oder gar moralisch vertretbar ist. Es geht einzig um das Begreifen der emotionalen Botschaft ihres halluzinatorischen Erlebens. Sie befindet sich in einer Situation äußerster Angst, Bedrohung und Ohnmacht. Ihr wird weggenommen. In der Erwärmung habe ich sie gefragt, auf was der »Zigeuner« seine wegnehmende Hand legt. Ich habe jeden einzelnen Gegenstand in ihrem Blickfeld angesprochen. Es zeigte sich bald, dass er lediglich all das anfasste und zu stehlen drohte, was ihr persönlicher Besitz war. Alle Gegenstände, die dem Heim gehören, blieben unberührt. Für den Betrachter liegt die Vermutung nahe, dass die Sterbende sich mit ihrem Sterben, mit dem Entäußertwerden in ihren Tod beschäftigt. Das ist für sie angst- und ohnmachtbesetzt. Das halluzinatorisch erlebte Bild tritt etwas in den Hintergrund, denn jetzt kann es darum gehen, die Sterbende in dieser Angst und Bedrohung zu verstehen, so gut das möglich ist. Verstehen kann der Zugehörige, dass sie sich so erlebt. Es geht jetzt nicht unbedingt um die quasi therapeutische Auflösung dieses Erlebens. Vielleicht ist ein erster Schritt, sich in diesem Erleben verstanden und zugelassen zu wissen. Es übersteigt auch die menschlichen Möglichkeiten, alles Erleben in diesem Zusammenhang für auflösbar zu halten. Manchmal ist die einzige Hilfe, das Unlösbare als solches zu benennen, zu beweinen, zu beklagen.

Eine andere Sterbende erzählte, dass ein schwarzer Reiter durch ihr Zimmer käme, immer in der Nacht, wenn alle Schwestern weg seien und auch ich als ihr Betreuer nicht erreichbar sei. Wir haben dieses Erleben erwärmt und darin ebenso die furchtbare Not erfahren, so alleine im Bett zu liegen und sich nicht wehren zu können gegen die Angst vor dem Fremden und Gewaltigen. Es hat gut getan, dies aussprechen zu können. Es hat die Angst aber nur für die Zeit gemildert, in der ich an ihrem Bett saß und mit ihr sprach. Als ich mich wieder erhob, um nach Hause zu gehen, fing sie wieder an, dass der Reiter käme, das wisse sie schon, er käme, kaum dass ich die Tür hinter mir verschlossen hätte. Das ist die Wirklichkeit – die Angst im Alleinsein. Die andere Wirklichkeit ist, dass ich nicht die ganze Zeit dabei bleiben konnte. Dies beides gilt es dann zu betrauern. Es hätte auch nichts geholfen zu sagen, dass da doch kein Reiter sei – wie solle der denn in so ein kleines Zimmer kommen, und dass doch die Leute an der Rezeption sicher aufpassten, dass da abends kein Fremder, geschweige denn ein schwarzer Reiter, Einzug hielte. Auf dem Hintergrund dessen, was wir über halluzinatorisches Erleben erfahren haben, wird klar, wie sinnlos und auch abwertend ein solcher Umgang mit halluzinatorischem Erleben ist.

Die »schönen« Erlebnisbilder

Es trifft wohl die weitestgehende Erfahrung, dass Schrecken, Angst und Ohnmacht im Vordergrund stehen, wenn von halluzinatorischen Bildern Sterbender die Rede ist. Damit umzugehen kostet für den Zuhörenden so viel Kraft, weil so viel eigene Hilflosigkeit angesprochen ist oder Überforderung sich lähmend oder wuterregend ausbreitet, wenn schon wieder »so was Verrücktes« angstverzerrt erzählt wird.
Es soll aber nicht unerwähnt bleiben, dass es ebenso schöne, beschwingende, ermutigende, Angst nehmende halluzinatorische Erlebnisse gibt. Sie führen auf schöne Himmelswiesen oder lassen liebe längst Verstorbene erscheinen. Mit dieser Art des halluzinatorischen Erlebens ist gelassener umzugehen. Da mag einer eher schmunzeln, was für ein »verrücktes, aber liebes Zeug« da jemand erzählt. Aber verrückt ist auch das nicht. Auch hier gilt es im Zuhören, das Erzählte ernst zu nehmen und sich die emotionale aufbauende Qualität der Bilder zunutze zu machen.

Zusammenfassende Hilfestellungen

Es geht darum, Sterbenden und auch den Angehörigen und Pflegenden möglichst gerecht zu werden. Dazu kann hilfreich sein:

1. *Stress vermeiden*
   Einem sterbenden Menschen mit seinen fremd anmutenden Bildern begegnen zu können, gelingt in den Grundvoraussetzungen am ehesten, wenn wir möglichst wenig Stress erzeugen. Stress kann ganz vieles sein – von Einsamkeit über Angst, üble Gerüche, zu laute Stimmen, zu viele Bilder und Töne aus Fernsehgeräten, ungewohnte Härte von Handgriffen, verstellte Möbel usw. bis zu drohender Bedrängnis, man solle nicht so einen Quatsch erzählen. Es sei niemand im Zimmer und es müsse jetzt endlich gut sein ...

2. *Ernst nehmen*
   Die Tatsache, dass solches Erleben gesagt oder auch nur angedeutet wird, ist Grund genug, diese Bilder ernst zu nehmen. Damit wird auch der

Mensch ernst genommen, der sich diesem Erleben nicht selten ausgesetzt, wie von fremden Mächten besetzt fühlt. Das Zulassen dieses halluzinatorischen Erlebens als Tatsache ermutigt und stärkt den Kranken. Darin liegt dann auch eine Entspannung, ein Mindern der Stressbeeinträchtigung. Die Zuwendung ist auch Erlösung aus der sozialen Isolation, die mit diesem Wissen um »ver-rücktes« Erleben gekoppelt erlebt wird.

3. *Das Erleben miterleben*
Durch das Erwärmen des Erlebten wird das Gespenst wenigstens etwas enttarnt. Das Erwärmen geht in kleinen Schritten vor, bedient sich einfacher Sprache, manchmal so, dass der Kranke nur mit Ja oder Nein antworten muss. Die Szene des Erlebten wird emotional fassbarer – für den Zuhörenden, vielleicht auch für den Kranken. Im gemeinsamen Einfühlen wächst ein Verstehen bis hin zu einer Solidarität, das hier gefundene Empfinden zu teilen, zu stützen, mit auszuhalten.

4. *Die Bedeutung für die reale Gegenwart*
Den Kranken in seinem halluzinatorischen Erleben ernst zu nehmen bedeutet auch, ihn nicht in diesem Erleben als aus der Wirklichkeit herausgehoben zu belassen. Es ist ein Trug, dieses Erleben als nicht in die Wirklichkeit gesetzt, als verrückt zu qualifizieren. Dieses Erleben ist eine ganz handfeste Wirklichkeit des Kranken. Ihr gebührt der ganze Respekt, so wie der Person dieser ganze Respekt zusteht. Gerade darum ist es auch wichtig, die Erdung dieses Erlebens in die Gegenwart zu suchen, soweit dies möglich ist. Erdung heißt hier, dem Empfinden des Sterbenden Ausdruck zu ermöglichen, denn dieses in das Gewand des halluzinatorischen Bildes eingekleidete Erleben ist seine Gegenwart. Die Bestandteile des Erlebens können davor in die zweite Reihe treten.

Entlastung und Ermutigung

Mit Sterbenden sich auf deren Erleben einzulassen, das nicht unserer gängigen Wahrnehmung entspricht, ist oft genug eine große Herausforderung. Herausgefordert wird viel Geduld, wird ein großes Einfühlungsvermögen, werden auch Respekt und Ehrfurcht vor der Einzigkeit des Menschen, auch des Sterbenden, der seinen Weg hat und sucht, mit seinem Sterben zurecht zu kommen. Für nahe Angehörige ist es oft schwerer, in Gelassenheit sich den teils schrecklich auszuhaltenden Bildern des halluzinatorischen Erlebens zu öffnen. Zu viele andere Faktoren aus der engen Beziehung im Leben miteinander erschweren dies. Da kann es hilfreich sein, sich – und das sind die Sterbenden ebenso wie die Angehörigen – zu entlasten durch Menschen, die von außen kommen und durch ihr eng begrenztes Mitsein mehr an Geduld, an Aushaltkraft einsetzen können.

Der hier beschriebene Umgang mit halluzinatorischem Erleben ist eine unter sicher vielen anderen Möglichkeiten. Es ist stark erfahrungsorientiert, was seiner Praxistauglichkeit zugute kommt, was aber nicht den Anspruch erheben will und kann, allen bis heute gesicherten Erkenntnissen der Neurologie und Psychiatrie zur Einschätzung und zum Umgang mit halluzinatorischem Erleben Sterbender gerecht zu werden.

Es ist ebenso zu betonen, dass der fachärztliche Rat nicht zu unterschätzen ist. Es können psychiatrische Erkrankungen mit halluzinatorischem Erleben einhergehen, können mit quälenden Psychosen verbunden sein. Da ist mehr verlangt als das hier Beschriebene.

Ebenso aber ist die Ermutigung ausgesprochen, dass man nicht nur Angst und Hilflosigkeit oder Abkehr und Ablehnung haben muss, wenn es in der Begegnung mit einer Sterbenden heißt: Was erzählt sie denn jetzt schon wieder ...

Anmerkungen

1. *F. Braun:* GK 3 Psychiatrie, 12. Aufl., Weinheim 1997, 136.
2. Hier beziehe ich mich auf die Ausführungen zu »Gedächtnis« in: *Philip G. Zimbardo*: Psychologie, 6. Aufl., Berlin/Heidelberg/New York 1995, 313 – 354.
3. Ebd., 315.
4. Der in Fachkreisen hoch angesehene Neurologe Oliver Sacks hat im Respekt vor diesen (und anderen) neurologischen und psychiatrischen Phänomenen gesprochen. Z.B. in: »Der Mann, der seine Frau mit einem Hut verwechselte«, Hamburg 1987, 20: »Und auch für den einfühlsamsten Beobachter ist es außerordentlich schwer, sich in die innere Verfassung, die »Situation« solcher Patienten zu versetzen, denn diese ist fast unvorstellbar weit von allem entfernt, was er selbst je erlebt hat ...«.
5. Sehr aufschlussreich sind in diesem Zusammenhang die Darlegungen des engl. Psychiaters Ronald D. Laing, der auf die gesellschaftliche Relevanz dessen schaut, was »man« für verrückt hält und was nicht. Die Erfahrungsmöglichkeiten im Menschen sind deutlich größer als sie gesellschaftsfähig sind. Wer aus dieser stillschweigenden gesellschaftlichen Abmachung herausfällt, gilt als verrückt und wird u.U. aus der Gesellschaft ausgeschlossen. (*Ronald D. Laing:* Phänomenologie der Erfahrung, Frankfurt 1976, 20.)
6. Auch hier sehr hilfreich die Ausführungen von O. Sacks, a.a.O., vor allem 175-226.

Bilder der Seele vom Übergang

Hubert Böke

Kulturen und Religionen haben ihre »Bilder« und Vorstellungen von Sterben, Tod und einem »Leben danach«. Jeder Mensch ist geprägt von der Welt, die ihn umgibt. Und dennoch: Was Menschen an der Schwelle des Todes erfahren, hat nach vielen Berichten eine ganz eigene Kraft, zeigt individuell sehr unterscheidbare »Bilder«.

Die Erfahrung mit Menschen und ihren »inneren Bildern« vom Übergang lässt mich ahnen, dass auf dem Grund der Seele eines jeden Menschen ein ihm eigenes »Bild« wartet, eine ganz persönliche »Vision«, die um Sterben und Tod und vom Leben danach »weiß«. Sie zeigt sich einem Menschen, wenn er an die Schwelle tritt – oder in Zeiten, in denen der Tod unabwendbar »Lebensthema« wird, in einer selbst durchlebten Gefahr, in der Auseinandersetzung mit dem Thema selbst, durch den Tod eines vertrauten Menschen.

Bekommt ein Mensch Zugang zu seinen »inneren Bildern«, erlebt er sie nicht als etwas, woran er glauben müsste, sie zeigen sich seiner Seele als die ihr eigene Wahrheit – klar und unabweisbar.

Für Begleiter ist es ein großes Geschenk, wenn ein Mensch ihnen Anteil gibt an seinen »Seelenbildern«, wenn er sie einen Blick hinein tun lässt in seine innere Welt – nur zu oft wissen wir ja als Begleiter im Sterben wenig von dem inneren Erleben des Begleiteten.

Diese ganz eigenen Bilder aber sind es, die zu Wegführern der letzten Reise werden. In ihnen liegt die Kraft des Übergangs. Äußere Bilder, Worte, Gedanken und Vorstellungen haben gerade »im Letzten« nur dann Kraft und Wirkung, wenn sie in Beziehung treten zu den inneren Erfahrungen, wenn sie dieselbe »Sprache« sprechen, dieselbe »Schwingung« spürbar werden lassen.

Von Menschen und ihren »inneren Bildern« vom Übergang will ich erzählen. Zugleich werde ich fragen:

- wie ein Begleiter in seiner Begegnung mit dem Begleiteten in Kontakt zu kommen vermag mit dessen »inneren Bildern« und
- welche Begleitungswege sich öffnen können, wenn der Begleiter nicht seinen, sondern den inneren Wegweisern seines Gegenübers folgt.

Die Treppe aus Edelstein

Frau M., eine 79-jährige alte Dame – sie hat eine gerade für ihr hohes Alter gefährliche Herzklappenoperation überstanden –, erzählt von einem »Bild«, das sie aus den ersten Tagen nach der Operation noch sehr klar vor Augen hat:

Da war eine Treppe mit breiten Stufen. Sie führt in Spiralen in die Tiefe. Die Treppe leuchtet von innen heraus; sie ist gebaut aus unzähligen Edelsteinen, die in vielfarbigem Glanz aufstrahlen. – Frau M. folgt der Edelsteintreppe bis zum Grund. Dort aber ist die Welt mit Brettern zugenagelt. Sie kommt in einen engen, düsteren Raum, umzäumt von rohen Holzplanken.

Frau M. ist beim Erzählen wieder eingetaucht in ihr Traumbild. Ich werde hellwach, spüre ihr Betroffensein, spüre auch, wie ihr Bild mich berührt. In dieser dichten Atmosphäre können wir über ihre Erfahrung sprechen.

Ich frage sie nach ihrem Gefühl in dem Augenblick, als sie sich in diesem Bretterverschlag findet. Sie hatte Angst, ein ungeheures Gefühl von Bedrohtsein und Enge: Wie im Sarg! »So weit war ich ja auch nicht davon entfernt!«- Aber sie erinnert sich auch an ein anderes Gefühl. An eine gespannte Erwartung und Neugier. Was ist dahinter, hinter den Bretterzäunen? In all ihrer Angst und Enge ist ihr klar: Die wunderschöne Edelsteintreppe endet nicht in diesem Bretterverschlag. »Dahinter« muss das Ziel der Treppe sein.

Frau M. ist wieder zurückgekehrt. Offenbar ist sie die Treppe wieder hinaufgestiegen. Sie kann sich daran nicht erinnern. Doch sie ist wieder da, mitten im Leben. Gott sei Dank!

Ihr Erlebnis aber lässt sie nicht in Ruhe. Da war etwas – hinter den Brettern! Warum die Bretter, warum der Zaun? – Gemeinsam kommt uns der Gedanke: Ihre Zeit war noch nicht reif, zu sehen, was sie hinter den Brettern erwartet. War es der »Vorraum zur Ewigkeit«, biete ich ihr an. Ja, das kann sie sich vorstellen – und die Bretter hatten die Aufgabe, sie zu schützen vor dem Geheimnis, das ihr zu sehen noch nicht erlaubt war. Wären die Bretter nicht gewesen – da war sie sich sicher –, sie wäre nicht mehr zurückgekehrt in dieses Leben:

»Irgendwann werde ich wieder da stehen und die Bretter werden nicht mehr da sein! Und die Angst wird auch vorbeisein!«

Mir kommt das Pauluswort in den Sinn : »Jetzt sehen wir wie in einem dunklen Spiegel, dann aber werden wir schauen von Angesicht zu Angesicht.« (1 Kor 13)

Frau M. hört den Vers zum ersten Mal. Sie spürt, dass er ihrer Erfahrung nicht fremd ist.

Unser Gespräch war ein gemeinsames Verstehenwollen. Im Grunde habe ich nicht mehr getan, als ihrem »Bild« zu folgen. An der einen oder anderen Stelle habe ich nachgefragt nach der Bedeutung einer »Traumszene«. Zweimal habe ich auch ein »Angebot« gemacht. Frau M. konnte es beiseite schieben, hätte es ihr nichts gesagt. Unser Gespräch war so dicht, dass auch meine »Angebote« nicht »besser-wissend« wirkten, sondern als ein Mitdenken aus tiefer Berührung. Dass ich ihre Vision ernst nahm, ihr große Bedeutung zumaß, hat sie gespürt.

Farben des Himmels

Frau P. sieht sich – sie ist in tiefer Bewusstlosigkeit – auf einer hohen Leiter stehen: »Ich bin bis zur vorletzten Sprosse hinaufgestiegen. Aber die letzte kann ich nicht erreichen. Sie ist hoch über mir.« Sie versucht alle Kraft aufzubringen, aber so sehr es sie dort hinaufzieht, sie schafft es nicht. Die letzte Sprosse führt hinauf in einen Himmel unsagbar schöner Farben. »Nie mehr habe ich in meinem Leben solche Farben gesehen.«
Als sie wieder aufwachte, hatte sie es schwer mit den schattenhaften Farben dieser Welt. Sie suchte ständig nach Farben, die ihren Himmelsfarben glichen. Sie begann zu malen. Zuerst erlernte sie die Bauernmalerei, später malte sie auf Seide und Porzellan. Sie musste sich das Traumbild von der Seele malen. Die »Himmelsfarben« fand sie nicht mehr: »Nicht in dieser Welt!«
Wir sprachen lange über ihre »Vision«. Ihre Erfahrung lag mehr als 30 Jahre zurück. Frau P. hatte als junge Frau an einer lebensgefährlichen Lungenerkrankung gelitten: »Der Tod ist mir schon damals auf den Pelz gerückt.«
Sie hatte ihre Krankheit überwunden, jetzt, mit 72 Jahren, stand sie wieder vor einem »hohen Berg«. Während der Voruntersuchungen für eine bevorstehende Herzoperation, entdeckten die Ärzte einen bösartigen Nierentumor. Der musste zuerst entfernt werden.
Frau P. war verzweifelt: »Wie soll ich das schaffen?!« – Mit ihrer Angst stieg die alte »Vision« wieder herauf , sie musste davon erzählen. Wie von selbst kam die Frage nach dem Sinn ihres Lebens auf. 30 Jahre hatte sie ihre erste lebensbedrohliche Erkrankung überlebt. Hatte sie ihr geschenktes Leben gelebt? In unserem Gespräch wurde ihr deutlicher, was ihr im Grunde immer schon klar war. Sie hatte es nur bislang nicht in Worte bringen können. Ihre »Vision« von der Himmelsleiter war ein »Schlüssel«, ihr Leben zu verstehen. Auf der Lebensleiter steigt sie Sprosse für Sprosse hinauf. Jede Sprosse hat ihre eigenen Farben – dunkle, helle; schöne, erschreckende. Sie sammelt Farben. Auf der obersten Sprosse wird sie einmal all ihre gesammelten Farben, ihre Erfahrungen, ausschütten in den Farbenhimmel: »Mein Beitrag

für die Ewigkeit.« Es ist ihr »Sinn-Bild« : »In diesem Leben bin ich Farbensammlerin für den Himmel.«
»Jetzt muss ich noch einmal dunkle Farben sammeln.« Sie hatte Angst, dass ihre Kraft nicht mehr reicht. Sie war des »Sammelns« müde.
Als ich mich von ihr verabschiedete, war Frau P. gelassener. Über ihre Ängste und ihre Vision sprechen zu können, hatte ihr gut getan. Sie war jetzt in Gedanken mit ihrer »Vision«, mit ihrem Leben befasst. – Ich weiß nicht, welches Schicksal sie erwartet hat. Sie wurde in eine andere Klinik verlegt und wir haben uns nicht wieder gesehen. Ganz gewiss aber bin ich mir, dass ihr »Seelenbild« sie begleitet hat auf ihrem Weg. In aller Angst und Sorge gab die Vision ihr Kraft. Was immer geschehen wird, am Ende wartete auf sie ein Himmel voller Farben.
Gerade in dieser Begegnung ist mir selbst deutlich geworden, wie mächtig ein solches Seelenbild wirkt – mächtig als Schlüssel, das eigene Leben zu »verstehen«, mächtig aber auch als Kraft, die hilft, auf dem eigenen Weg weiterzugehen.
Von mir aus hatte es nicht mehr gebraucht, als zuzuhören und ihrem inneren Bild zu folgen, hier ein Frage zu stellen, dort mit ihr staunend zu begreifen, was ihre Seele hatte sagen wollen: »In diesem Leben bin ich Farbensammlerin für den Himmel.«
Vielleicht war uns dieses Gespräch auch deshalb möglich, weil mich ihr Bild, ihre Vision tief berührt hat. Es war nicht mein Bild, aber ich konnte mich gut in ihr Bild hineinfinden – da vor allem, wo es sagt: Mein Leben, meine Erfahrungen, das, was ich lerne, meine Erfolge, meine Niederlagen, meine Stärken und meine Schwächen haben auch eine Bedeutung für die »andere Welt«.
Ganz anders ist das »Traumbild« einer 79-Jährigen. Frau S. hatte vor wenigen Tagen erst erfahren, dass sie an einem unheilbaren Tumor leidet. Sie ist seltsam gefasst:
»Wenn es Zeit ist zu gehen, dann bin ich bereit.«

Vierjahreszeitenwald

Frau S. erzählt ihren Traum: »Ich bin gefangen in einem dunklen, engen Erdloch. Ich habe schreckliche Angst. Wie lange ich dort bin, weiß ich nicht.«
Ihr ist bewusst – und sie spricht es aus –, dass sie von ihrem Grab träumte. Auch als Zuhörender spüre ich, wie mir Angst wird. Ein grausam realistischer Traum – sie weiß, was auf sie zukommt.
Woher aber kommt dann ihre offenkundige Gelassenheit? – Frau S. hatte

noch nicht den ganzen Traum erzählt, denn mit einem Mal war alles verwandelt:
»Ich laufe durch einen wunderschönen Wald. Alles ist licht und weit. Die Angst ist verflogen. – Herrlicher, frischer Waldgeruch liegt in der Luft. Der Wald ist unbeschreibbar schön und – er ist irgendwie anders.
Ich sehe Bäume und Blumen in allen Jahreszeiten. Blühende Bäume im Frühling, sattes Sommergrün, leuchtende Herbstfarben. Nur Schnee kann ich nirgendwo sehen.«
Jetzt verstehe ich ihre gefasste Ruhe. Es ist nicht ein Überdrüssigsein am Leben. Frau S. ist eine sehr lebendige alte Dame, führt ihren Haushalt noch ganz alleine, verreist häufig, liebt ihren Garten und ihre Musik.
Ihre Familie ermöglicht ihren großen Wunsch. Sie stirbt zu Hause. Ich habe sie dort am Tag vor ihrem Sterben noch einmal besucht.
Ich setzte mich ein Weile zu ihr. Es ist sehr still und friedlich, sie scheint ganz tief schon in ihrer Ruhe. Ich weiß nicht, ob sie meinen Besuch wahrnimmt. Bevor ich mich verabschiede, wage ich es, sie auf ihren großen Traum anzusprechen. Behutsam halte ich für eine Weile ihre Hand: »Nun werden sie bald dort sein, in ihrem wunderschönen Wald.«
In den Tagen nach ihrem Traum war sie in Tagträumen immer wieder durch den Wald gewandert, hatte auch Ausschau gehalten nach ihrem vor Jahren verstorbenen Mann. Es war eine große Gewissheit in ihr: Irgendwann wird er mir dort begegnen.
Ich ahne, dass ihre inneren Augen längst hinüberschauen und sage: »Jetzt werden sie ihrem Mann bald begegnen. Er wartet auf sie.«
Das Strahlen auf ihrem eingefallenen Gesicht werde ich nicht vergessen. Ich kann es nicht beschreiben.
Ich habe nie einen Menschen erlebt, der so tief von innen heraus strahlte. Ich war mir sicher: Ihre Seele weiß, wohin sie geht. Sie kennt schon den Ort, an den sie gerufen wird. Und sie weiß, dass sie in diesem wunderschönen Wald ihrem Mann begegnen wird. – Vielleicht war er ja in diesem Augenblick längst bei ihr?
Frau S. hat mich wie kein anderer Mensch verstehen gelehrt, wie groß die Kraft eines inneren Bildes vom Übergang zu sein vermag. Mitten in aller Not ist sie immer wieder durch ihren Wald »gewandert«, hat aus ihrem Seelenbild Kraft geschöpft, die Mühen der letzten Wegstrecke zu bestehen. Sie war sich des Zieles ihrer Reise gewiss.

Der große Fluss

Frau B. malt im Sommer vor ihrem Sterben auf Seide dieses Bild (Sie finden es in Farbe auch auf dem Buchumschlag.). Sie ist in großer Sorge um ihre Gesundheit, die Ärzte aber haben noch nicht die unheilbare Krebserkrankung diagnostiziert.

Seidenmalerei einer Sterbenden

Im Vordergrund eine dunkle Hügellandschaft, zur Sonne hin werden die Farben lichter. In der Mitte des Bildes steht ein Baum- ein Baum im Herbst? Es scheint, als habe er sein Laub schon verloren. Der ganze Baum wirkt klein und verloren in dieser weiten Hügellandschaft. Hinter dem Baum verändert sich die Farbe der Hügel. Sie sind eingetaucht in ein rostbraunes Licht. Ist es das Licht der Sonne, die schon nah über dem Horizont steht und bald untergehen wird? Ist die rostbraune Farbe auch Zeichen für eine Zeit, die kommt und viel »Blut« und Lebenskraft abverlangen wird – bis diese »Zone« durchschritten ist und lichter wird ?
Vögel fliegen über den Horizont. Vögel waren in alter Zeit Boten zwischen dieser und der Götterwelt. Die Seele eines Menschen wurde als Vogel dargestellt.

Das zweite Bild (siehe auch farbig auf der Buchumschlag-Rückseite) malt Frau B. Tage vor ihrem Tod.
Anstelle eines Baumes malt sie – in der Perspektive ganz nah – einen Strauch. Er hat klare Konturen, deutlicher als beim Baum hat er seine Blätter verloren, wirkt abgestorben oder sterbend. Die dunkle, wellige Landschaft wird durchbrochen von einem hell leuchtenden Streifen. Auf mich wirkt es wie ein Fluss, der sich in der Tiefe dahinzieht, aus der Tiefe heraufleuchtet.
Die Hügel drüben liegen schon am anderen Ufer.

Über der vom »Fluss« geteilten Landschaft steht wieder die Sonne. Sie ist kleiner, aber ihre Farbe ist von großer, warmer Intensität; sicherer meine ich jetzt zu sehen, dass es die untergehende Sonne ist. Ein Ast des Strauches scheint sich nach ihr auszustrecken. Von der »umarmten« Sonne scheint ein warmes Strahlen auf die oberen Äste des Strauches.
Der Fluss erinnert an die antike Vorstellung Griechenlands vom Grenzfluss Styx, der diese Welt von der jenseitigen trennt. Auch in anderen Kulturen finden sich verwandte Bilder. Im Tod hat die Seele diesen Fluss zu überqueren.
Frau B. war eine sehr religiös geprägte Frau. Ich meine, es seien die »inneren Bilder« ihrer letzten Reise – durch die Landschaften ihres Abschiedes hinüber über den »großen Fluss« zum Ufer der anderen Welt.

Seidenmalerei einer Sterbenden

Ihren Mann habe ich in einem Trauerseminar kennen gelernt. Wir hatten die in Kreide gemalten Bilder der »letzten Reise« eines 42-jährigen Mannes betrachtet. Einige Tage später kam Herr B. zu mir und zeigte mir die Kopien der letzten Seidenbilder seiner Frau. Erst im Betrachten der »inneren Bilder« des 42-Jährigen war ihm aufgegangen, dass auch die Bilder seiner Frau eine tiefe Bedeutung hatten. Er hatte sie zur Seite geräumt, wusste nicht, was er mit ihren Bildern anfangen sollte. – Die Botschaft ihrer Bilder hat Herrn B. sehr berührt – schmerzlich, tröstlich. Die Bilder haben heute ihren Platz in seinem Wohnzimmer.

Trau dem Wind

Frau K. erträgt – äußerlich mit viel Geduld – den langen Weg ihrer Erkrankung. In ihrem Inneren aber kämpft sie einen einsamen Kampf. Es kommt die Zeit – draußen fallen die Blätter im Herbst –, als ein Traum ihr Kämpfen verwandelt.
Die Geschichte »Trau dem Wind« erzählt davon. Zugleich lässt sie etwas sichtbar werden von einer ganz besonderen »Korrespondenz« zwischen ihren inneren Erfahrungen und dem, was im »Außen«, in der Natur geschieht:

Der Sommer war vergangen, draußen – vor ihrem Fenster – färbten sich die Blätter bunt, fielen eines nach dem anderen und der Wind verwehte sie. Nur selten war sie noch aus ihrem Krankenbett herausgekommen. Wie klein ihre Welt geworden war: das Zimmer in der Klinik, drei mal vier Meter, das Bett und der Nachttisch, das Waschbecken mit dem Spiegel und dem Ziehvorhang, zwei Stühle, die Türe, das Fenster.
Sie hatte es gut angetroffen. Schwestern und Ärzte waren verständnisvoll. Ein freundliches Wort, eine liebevolle Handreichung, Feingefühl bei den ihr so unangenehmen Verrichtungen ... Wie gut das tat.
Zwischen Schlaf und Dämmern gingen die Gedanken auf Reisen. Doch – sie hatte ihr Leben gelebt. Ein gutes Leben, alles in allem. Auf und ab, viel Licht und Schatten genug. Und sie hatte es versucht – aufrecht durchs Leben zu gehen. Sie hatte ihre Frau gestanden.
Jetzt war sie in fast allem angewiesen auf die Hilfe der Schwestern. Vielleicht war das Schwerste die Pfanne. Die Pfanne und die Klingel in der Nacht. Sollte sie schellen? Sie wusste, wie groß die Station ist, und sie wusste, dass die eine Nachtschwester für alle Patienten da ist.
Die Schmerzen waren zu ertragen. Der Rücken machte ihr Last. Dieses stille Liegen. Jede Bewegung Anstrengung. Jeder Gedanke daran ein Abwägen.
Die Übelkeit kam und ging. Sie wollte sie ertragen. Was sie an Essen bei sich halten konnte, war ein warmes Süppchen, eine Scheibe trockenen Zwiebacks.
Lieber Besuch war ihr das Wertvollste, Besuch vor allem, der es ihr möglich machte, zwischendrinnen die Augen zu schließen, zuzuhören, zu spüren, dass eine Freundin, ein Freund da war.
Drei Bäume standen in ihrem Blickfeld. Weiter hinten zog eine Häuserreihe sich hin. In die rechte Fensterhälfte ragte die Kante eines anderen Krankenhausflügels hinein. Der eine Baum war eine Fichte. Die anderen trugen buntes Laub, eine Rotbuche, eine Birke. An den Bäumen sah sie, wie die Zeit verging.
Als sie gekommen war – sie hatte noch große Hoffnungen, dass die Operation alles zum Guten wenden könnte –, standen die Bäume im vollen Grün

des Sommers. Unmerklich hatten sie sich verfärbt. Jetzt hatten sie schon die meisten Blätter hergeben müssen.
Diese Blätter, wie sie sich fest hielten, wie sie kämpften, dass sie nicht fort geweht wurden.
In der Nacht war ein Sturm übers Land gezogen. Am Morgen sah sie, wie viele Blätter wieder gefallen waren. Jedes Blatt, das der Wind fortriss, war eine stille Träne in ihr. Sie hatte gedacht, sie wäre nun bereit zu gehen – und doch spürte sie, wie sie mit jedem Blatt kämpfte, das am Ast bleiben wollte. Das Leben loszulassen, war ihr unsagbar schwer.
In der Nacht, die dem großen Sturm folgt, steigt sie im Traum einen steilen Berghang hinauf. Hinter ihrem Rücken versinkt die Landschaft im nebligen Dämmerlicht. Was war, löst sich auf wie Tau am Morgen.
Über ihr nimmt dunkeldrohend der Berg den Horizont ein. Hoch droben über den Schatten des Gipfels aber ist ein Leuchten, ein Ahnen des kommenden Morgens.
Wie mühsam ist der Weg da hinauf! Schritt für Schritt. Bleiern, müde, jede Bewegung verzehrende Anstrengung.
Dort hinauf muss sie. Das Licht zieht sie an.
Am Ende der Kraft gelangt sie zum Schweigen, zum Gipfel ...
Unter ihr, wohl tausend Meter, liegt im Morgenlicht ein weites Land, Wälder und Felder, Flüsse, Städte.
Seltsam, wie hellsichtig ihre Augen sind.
Dort, weit entfernt, am Horizont, glänzt das Meer und dort ist ein Hafen und ein Schiff mit weißen Segeln, Segeln, die der Wind bläht.
»Es ist mein Schiff!« Sie weiß es. In ihr ist eine vertraute Stimme: »Das Schiff wartet.«
Und es kommt ein Wind, ein Sturm, – sie aber sucht festen Halt:
Die Stimme in ihr: »Lass alles Wehren! Die Zeit ist da:
Trau dem Wind!«

Da traut sie dem Wind und der Wind erfasst sie, trägt sie hinaus über die Tiefe.
Und es ist eine Hand, die ihr Fallen hält.
Und es ist, als wüchsen ihrer Seele Flügel.
Gleich der Möwe segelt sie auf den Schwingen des Windes dem Horizont entgegen.
Am Morgen erwacht sie, ein Bett, drei mal vier Meter Raum, ein Waschbecken, zwei Stühle, eine Türe, ein Fenster – das Fenster in ihrem Inneren aber steht offen. Ihr ist wie nach langem, tiefen Schlaf – eine Kraft, ein Mut.
Die Übelkeit kehrt zurück, die Schwäche greift wieder nach dem vergehen-

den Körper. In ihr aber lebt ein Ahnen, ein vertrautes Wissen, und die Angst verweht.
Einen Neffen bittet sie am Nachmittag, ihr einen Ast der Rotbuche zu schneiden. Drei Blätter halten sich noch am Zweig. Sie fühlt über die welken Blätter. Nicht mehr lange und sie wären von selbst gefallen.
Seltsam – sie hatte es vergessen: An den Blätterwurzeln wachsen neue Knospen. Fällt ein Blatt, hat schon die Knospe seinen Platz eingenommen, wartet auf das Leben, das der Frühling wieder erweckt.
»Stell mir den Zweig in die Vase«, bittet sie den Neffen. »Ich will ihn vor Augen haben.«
So also ist es: Fällt ein Blatt, wächst schon die Knospe nach.
Geht ein Mensch, breitet die Seele ihre Flügel aus und fliegt dem Horizont entgegen.
Das Schiff wartet schon.

Meeresbucht und offene See

Einen anderen Menschen in seinem Sterben zu begleiten, setzt voraus, dass der Begleiter sich mit seiner Sterblichkeit, mit seinen eigenen Erfahrungen von Abschied, Sterben und Tod auseinandersetzt. In jeder Begleitung schwingt die eigene Erfahrung des Begleiters mit – auch das »innere Bild«, das er – bewusst oder unbewusst – in sich trägt.
Sterbende haben ein besonderes Gespür, sie »wissen«, wofür ihr Gegenüber offen und »hellhörig« ist. Ist der Begleiter mit seinem »inneren Bild« von Sterben und Übergang vertraut, wird er auch für die innere Erfahrung des Sterbenden offener sein.
Die »inneren Bilder« sind nicht zu verwechseln mit unseren Vorstellungen und Gedanken über das Sterben und ein »Danach«. Es sind vielmehr »Sinnbilder« unserer Seele. Sie steigen, ungerufen oft, aus der Tiefe unseres Unbewussten auf und finden die Türen zum Bewusstsein offen oder verschlossen.
Mein eigenes Traum-Bild hat mir große Klarheit geschenkt:
Ich stehe an einem weißsandigen Meeresstrand. Das kristallklare Wasser lockt: spring, schwimm, lebe!
In weiter Ferne zieht sich eine dunkle Felsenkette über den Horizont: die »letzte Grenze«, der Tod.
Ich habe Angst – bis ich es sehe: Inmitten dieses dunklen Riffs ist ein Durchbruch, eine Straße aufs offene, weite Meer hinaus.
Im Traum wird mir bewusst: So also ist das mit Leben und Tod. Das Leben ist wie diese Meeresbucht, in der ich schwimmen und leben lerne. Der Tod

ist der Durchbruch aufs offene Meer hinaus. Die Meeresbucht ist die Schule, die offene See das »große Leben«.
Ich ahne, dass es dieses »Bild« sein wird, das mich einmal auf meiner letzten Reise leiten wird. Gemeinsam mit dem mir dazugehörigen Psalmwort aus Psalm 31: »Du stellst meine Füße auf weiten Raum.«
Es ist *mein* Bild, mein Wort. Ich weiß auch, das alle unsere »Seelenbilder« nicht mehr sind als unsere Ahnung von dem, was kommen wird. Sie fassen nicht die Größe des Geheimnisses, sind nur ein Schatten, nur ein Blütenblatt im Wind. – Aber eben das sind sie: das Floß, das Schiff, das mich hinübergeleitet.
Jeder Mensch hat sein eigenes »Gefährt«. Meines mag ihm fremd und unnütz sein. Wie finde ich Zugang zu *meinem* Seelenbild?
Auch hier ist es wieder ein individueller Weg zum ganz eigenen Bild. Achtsamkeit auf die Botschaft der Träume ist für mich ein guter Weg. Andere mögen Zugang finden durch eingeübte meditative Wege, (von erfahrenen Imaginationsleitern !) geleitete Sterbemeditationen, Malen, Musikerleben, das Schreiben eines Märchens .
Wenn ich mich dafür öffne, wird sich mein Bild mir selbst entdecken. Das ent-deckte Bild zu be-schreiben, zu malen, mir – wie auch immer – einzuprägen, lässt es in meinem Bewusstsein bleiben. Es geht mit mir, macht mich »hell-hörig« für die Erfahrungen anderer, öffnet mir als Begleiter eine Möglichkeit, den *inneren* Weg meines Gegenübers ein paar Schritte zu begleiten.

Sexualität bei Schwerkranken und Sterbenden

Martina Kern

Einleitung

Sexualität wird in der Begleitung schwerstkranker und sterbender Menschen meist ausgeblendet, scheint »kein Thema« mehr zu sein. Schwerstkranken und sterbenden Menschen wird ein Bedürfnis nach Sexualität und Zärtlichkeit zumeist abgesprochen.
Damit wird ein wesentliches Element innerhalb eines ganzheitlichen Betreuungsansatzes nicht ernst- und wahrgenommen. Patienten und ihre Angehörigen sind in diesen Fragestellungen isoliert, es fehlen Ansprechpartner.

Sexualität und Zärtlichkeit – Umgang in der Gesellschaft

Sexualität und Zärtlichkeit – ein ambivalentes Thema in unserer Gesellschaft. Einerseits vermitteln uns die Medien eine große Offenheit und Freiheit, andererseits ist es immer noch ein Tabuthema.
In den Medien wird Sexualität oftmals mit Attraktivität und Schönheit gekoppelt. Das verbreitete Schönheitsideal: fit, dynamisch, schlank usw. ist dabei für die meisten Menschen schon in gesunden Tagen schwer oder gar nicht zu erreichen.
Ob dieses Schönheitsideal erstrebenswert ist oder nicht, soll hier nicht beurteilt werden. Wesentlich ist aber, dass wir dadurch beeinflusst werden.
Dasselbe gilt auch für die Sexualität. Offenheit, ein hohes Maß an sexueller Aktivität und ein hoher Erfolgsdruck, z.B. bei jedem sexuellen Kontakt einen Orgasmus (oder gleich mehrere) zu bekommen, werden durch die Medien geprägt und damit zur Messlatte in der Gesellschaft.
Dieser Erfolgsdruck beeinflusst den Umgang mit dem Thema Sexualität und verhindert oft ein offenes Gespräch über das Thema Sexualität. Dazu kommt, dass Sexualität und Zärtlichkeit sehr intime Lebensbereiche betreffen, die in aller Regel nicht öffentlich gelebt werden.
Wenn es gesunden Menschen schon schwer fällt, über Sexualität zu sprechen, Wünsche, Sehnsüchte und Ängste zu äußern, wie viel schwieriger und

größer muss die Hemmschwelle bei schwerstkranken und sterbenden Menschen sein, Bedürfnisse zu äußern. Sie entsprechen dem klassischen Schönheitsideal noch weniger. Der Körper ist oft durch Operationen, Haarausfall, etwa nach einer Chemotherapie, stark verändert.
Das bedeutet aber nicht, dass diese Patienten keine sexuellen Bedürfnisse mehr haben.
Im Bereich der Sterbebegleitung werden Patienten diese Bedürfnisse häufig abgesprochen, mehr noch: Bedürfnisse, Fragen und Ängste bezüglich Sexualität bei schwer kranken und sterbenden Menschen werden oft nicht mehr erwartet und dadurch nicht wahrgenommen.
Dieses Tabu wird durch eigene Ängste und Unsicherheiten gestützt. Hinzu kommt, dass es Begleitern an Fachwissen zum Thema Sexualität fehlt. Ein Gespräch mit Patienten oder Angehörigen kann dann allenfalls vom eigenen Erfahrungsschatz und -hintergrund abgeleitet werden. Dies ist ein sehr starker Einschnitt in die eigene Intimsphäre des Begleiters. Dies wird schon in der Vorstellung als peinlich und unangemessen erlebt.

Beispiel:
Wie stark das Thema Sexualität tabuisiert ist, möchte ich an einem persönlichen Erlebnis verdeutlichen. Nach einem Vortrag über Sexualität bei schwerstkranken und sterbenden Tumorpatienten war ich so begeistert, dass ich in eine große Buchhandlung ging, um mir Literatur zum Thema zu besorgen. Nachdem ich leise mein Anliegen vorgetragen hatte, dass ich sowohl allgemeine Informationen als auch Informationen zum Thema sexueller Störungen, medizinisch und allgemein, suche, schaute mich die Dame interessiert von oben bis unten an, blätterte in ihrem Verzeichnis, fand im medizinischen Bereich nicht viele Informationen und telefonierte dann mit ihrer Kollegin. Danach wurde ich wegen meines Anliegens durch zwei Abteilungen geschickt und jedes Mal interessiert gemustert. Einmal rief eine der Angestellten laut durch den Laden: »Sag mal, die Dame hier sucht was zum Thema Sexualität, hast du was da?« Ich hatte den Eindruck, alle Kunden drehten sich nach mir um, ich stand da, verlegen mit hochrotem Kopf, und glaubte, mich rechtfertigen zu müssen: dass ich diese Informationen ja nicht für mich persönlich, sondern für Unterrichtszwecke benötige ...
Diese Situation machte mir plötzlich noch mal in aller Deutlichkeit klar, was ein Tabu bedeutet und dass wir dieses Thema mit Patienten, Angehörigen und uns selbst sehr behutsam angehen müssen. Ich hatte ein intensives Gefühl dafür, dass ich mich ja noch hinter meinem fachlichen Interesse »verstecken« konnte, also nicht wirklich betroffen war. Ich stellte mir vor, wie schwierig – wenn nicht gar unmöglich – es für Patienten und Angehörige

ist, diesen Weg zu gehen, wenn sie ein Problem oder Fragestellungen zum Thema Sexualität haben.
Deshalb ist es in der Begleitung schwerstkranker und sterbender Menschen wichtig, sich mit den Themen Sexualität und Zärtlichkeit auseinander zu setzen. Diese Auseinandersetzung beinhaltet nicht nur das Aneignen von Wissen und Fertigkeiten, ebenso wichtig ist es, die eigene Einstellung zu überprüfen. Dies führt zum professionellen, sachlichen und empathischen Umgang mit dem Thema Sexualität.

Definition von Sexualität

Im Roche Lexikon der Medizin wird Sexualität definiert als: »Geschlechtlichkeit, genetische, morphologische und funktionelle Differenzierung einer Art (Spezies) in 2 – bei niederen Organismen gelegentlich auch in mehrere – Geschlechtstypen und deren gegenseitige funktionelle Beziehungen in Bezug auf die Fortpflanzung.«[1] Diese Definition bedeutet eine sehr starke Engführung des Begriffs und verdeutlicht den oftmals in Medizin und Pflege gelebten Umgang mit diesem Thema.
Wenn ich im Folgenden von Sexualität spreche, gehe ich von einem erweiterten Verständnis aus:
»Alle Menschen haben eine sexuelle Identität und – so unterschiedlich die Bedürfnisse auch sind – so haben wir Menschen alle eines gemeinsam: das Bedürfnis nach Liebe und Intimität und die Berechtigung, diese Gefühle zu leben. Eine schwere Erkrankung verändert alles, es kommt zu einer Verschiebung des Gleichgewichts und der Prioritäten im Leben: Gelähmt durch den Schock einer lebensbedrohlichen Erkrankung ist die erste Frage die der Heilung; aber lautet nicht die zweite: wie wird sich die Erkrankung auf meine Lebensqualität auswirken? Wie werde ich mich fühlen? Werde ich trotzdem akzeptiert, geliebt, anerkannt sein?
Sexualität ist ein wesentlicher Aspekt der Lebensqualität, und sexuelle Identität ist ein wichtiger Bestandteil des Selbstbewusstseins und Selbstwertgefühls, solange wir leben.«[2]
Am Thema Sexualität in der Arbeit mit schwer kranken und sterbenden Menschen lässt sich die eigene Auseinandersetzung und Offenheit sehr gut verdeutlichen.

Beispiel:
Eine im Rahmen von Pflege häufig gestellte Frage von Patienten ist: »Schwester, sehen Sie mich doch an, wie ich aussehe, wird das noch was mit mir?« In meiner Arbeit mit schwerstkranken Menschen habe ich früher nur den letz-

ten Teil der Aussage gehört und damit den Wunsch des Patienten wahrgenommen, über seine Erkrankung und seine Prognose zu sprechen und z.B. gefragt: »Was fühlen Sie denn?«
Mit dem Fokus auf die Wahrnehmung von Körperlichkeit und Sexualität ist im ersten Teil des Satzes möglicherweise ein Gesprächsangebot enthalten, über den körperlichen Verfall und die daraus resultierenden Probleme zu sprechen. Mit der Frage: »Wie meinen Sie das, mögen Sie Ihren Körper nicht mehr?« bekommt die Frage eine ganz andere Qualität. Sie impliziert Gesprächsbereitschaft, auch über körperliche und im Folgenden häufig auch über sexuelle Veränderungen zu sprechen.
Im Rahmen eines ganzheitlichen Betreuungskonzeptes sind alle in der Begleitung schwerstkranker Menschen gefordert, sich mit diesem Thema auseinanderzusetzen, denn Gespräche über Sexualität erfordern von Seiten des Patienten und der Angehörigen oftmals eine große Überwindung. Sie werden es mit der Person ihres Vertrauens tun. Durch eigene Unsicherheiten und das Gefühl der Unzulänglichkeit versuchen wir häufig, diese Fragen zu umgehen oder zu delegieren, obwohl dies bei entsprechender Sachkenntnis nur in sehr wenigen Fällen nötig ist.

PLISSIT Modell

Das PLISSIT Modell zeigt Interventionsstufen im Hinblick auf den Umgang mit Fragestellungen zum Thema Sexualität. Es ist ein in der Sexualtherapie bekanntes Modell und verdeutlicht die unterschiedlichen Behandlungs- bzw. Begleitungsstufen sexueller Störungen.
Das PLISSIT Modell wurde 1975 von Jack Annon in Honolulu/Hawai entwickelt. Es belegt, dass eine intensive Therapie nur bei sehr wenigen Sexualproblemen erforderlich ist.

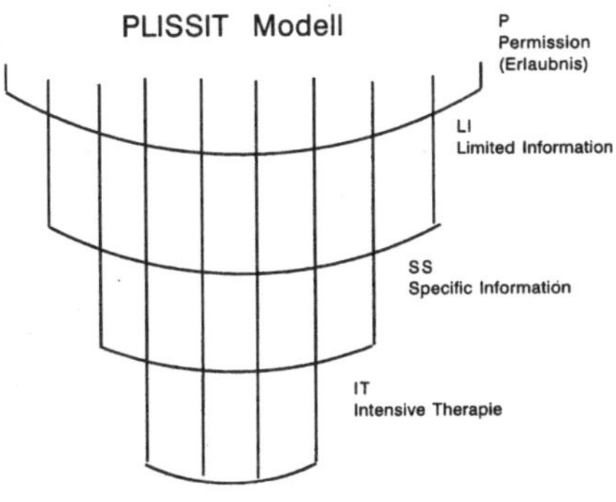

PLISSIT ist die Abkürzung für 4 Stufen der Therapie[3]

1. Gesprächsbereitschaft signalisieren, Erlaubnis zum Gespräch geben (P)

Viele Sexualstörungen lassen sich auf Angst, Schuldgefühle oder Hemmungen zurückführen. Es folgt daraus, dass eine Erlaubnis oder Beruhigung viele Schwierigkeiten löst und oft eine weitere Behandlung überflüssig macht.
»Oft ist bei Patienten eine sich selbst verstärkende Versagensangst zu beobachten: Die Angst zu versagen aber führt dazu, dass die Betroffenen sexuelle Kontakte vermeiden. Gerade Männer werden oft Opfer ihrer eigenen Leistungsansprüche in der Sexualität. Sie sind während des Zusammenseins mit einer Frau von dem Gedanken beherrscht, ob sie eine »richtige« Erektion bekommen oder sie aufrechterhalten können. Die Konzentration auf diese Gedanken und daraus resultierende Angst und Anspannung verursachen wie eine sich selbst erfüllende Prophezeiung ein »sexuelles Versagen«. Beim nächsten intimen Zusammensein führt diese Versagensangst durch die innere Anspannung erst recht zu erneuten sexuellen Schwierigkeiten: Der Betroffene bewegt sich in einem Teufelskreis von Versagensangst und daraus resultierendem Versagen. Das kann zu sexuellem Rückzug und entsprechendem Vermeidungsverhalten führen.«[4]

Beispiel:
In der Begleitung eines 28-jährigen Patienten mit einem Hodenkarzinom entwickelte sich folgendes Gespräch: Auf die Frage, ob seine Erkrankung Auswirkungen auf seine Partnerschaft habe, berichtet er, dass er sich von seiner Freundin trennen will, weil sich die Beziehung zunehmend schwierig gestalte. Auf konkretes Nachfragen erzählt er, dass es »nicht mehr richtig klappt«. Im Verlauf des Gesprächs berichtet er, dass er nach einer erfolgten Operation Erektionsstörungen habe, die gesamte Beziehung habe sich immer mehr verkrampft, obwohl seine Freundin gesagt hat, dass dies für sie kein Problem ist. Sie hätten es jetzt aufgegeben miteinander zu schlafen, aber die Situation sei für ihn so unerträglich, dass er die Beziehung lieber abbrechen will, als dass seine Freundin aus Mitleid bei ihm bleibt.

Zunächst war es wichtig, dem Patienten zu erklären, dass es normal ist, diese Gefühle zu haben, dass aber die unausgesprochenen Ängste und Hemmungen einen inneren Rückzug auslösen. Ihm wurde deutlich, wie wichtig es ist, diese Probleme auch mit seiner Freundin zu besprechen. In einem gemein-

samen Gespräch mit der Freundin gab diese zu, dass es ihr doch etwas ausmacht, keinen sexuellen Kontakt mehr mit ihrem Freund zu haben, ihn aber trotzdem liebt und es kein Mitleid ist, was sie veranlasst, bei ihm zu bleiben. Sie hat sich nur deshalb zurückgezogen, da sie ihn nicht bedrängen wollte, da er doch mit der Erkrankung schon genug zu tun hat.
Der offene Umgang motiviert das Paar, andere und neue Formen sexuellen Kontaktes auszuprobieren: streicheln, Zärtlichkeiten auszutauschen und diese bewusst wieder zu genießen, ohne den Zwang zum Geschlechtsverkehr.
Weiterhin war in diesem Gespräch die Information wichtig, dass die Erektionsstörungen möglicherweise nur vorübergehend sind und sich zurückbilden können.

2. Sexualaufklärung

»Oft genügen genaue anatomische und physiologische Informationen, um Patienten wieder sexuell funktionstüchtig zu machen. Es ist durchaus nicht selten, dass Patienten falsche sexuelle Vorstellungen und Erwartungen hegen, und in diesen Fällen ist eigentlich wenig mehr als Aufklärung erforderlich«.[5] Wenn Patientinnen nach gynäkologischen Operationen oder Bestrahlungen über schmerzhaften Geschlechtsverkehr klagen, hilft oft die Verwendung eines wasserlöslichen Gleitgels. Die Patientinnen glauben aber, dass eine irreversible Schädigung nach der Krebsoperation vorliegt, und bringen die Schmerzen beim Geschlechtsverkehr mit der nicht ausgeheilten Tumorerkrankung in Verbindung. Dies löst dann viele Ängste aus. Viele Patienten und ihre Angehörigen haben auch Ängste vor Ansteckung z.B. bei Tumorerkrankungen. Sie wissen oft nicht, ob z.B. bei Bestrahlungen die Strahlen beim Geschlechtsverkehr auf den Partner übertragen werden. Auch in diesen Fällen ist eine genaue Aufklärung wichtig. Patienten und ihre Angehörigen müssen aber oft ermutigt werden, diese Fragen zu stellen. Eine selbstverständliche Aufklärung erfolgt leider nicht immer.
Auch Medikamente können die sexuelle Funktionsfähigkeit beeinträchtigen.

Beispiel:
Ein Patient, der aufgrund seines Tumorleidens starke Schmerzen mit brennendem Charakter hatte, erhielt im Rahmen einer Schmerztherapie niedrig dosiert ein Antidepressivum. Er klagte bei Nachfragen über starke Erektionsstörungen.
Die Schmerzen waren deutlich gebessert, die körperlichen Einschränkungen waren für ihn jedoch so schwerwiegend, dass er das Medikament nicht mehr einnehmen wollte und eine Änderung der Medikation notwendig war.

3. Spezifische Anregungen oder Verhaltensanweisungen

Dazu gehören praktische Hinweise oder Übungen, die auf ein besonderes Problem zugeschnitten sind. Sie können vom Patienten oder dem Patientenpaar selbst durchgeführt werden.

Beispiel:
Eine Patienten mit einem Aszites bei weit fortgeschrittener Tumorerkrankung kam regelmäßig zu einer Aszitespunktion und Schmerzeinstellung auf die Palliativstation. Sie erzählte im Rahmen der Pflege, dass sie ihren Bauch so hinderlich findet. Im Rahmen des Gesprächs berichtete sie, dass sie keinen sexuellen Kontakt mehr mit ihrem Ehemann habe, da sie der Bauch so störe. Sie würde aber gerne mit ihrem Mann schlafen. »Der Bauch ist wie in der Schwangerschaft«, bemerkt sie nachdenklich. Auf die Frage, ob sie in der Schwangerschaft sexuellen Kontakt gehabt habe, antwortet sie: »Ach ja, wir haben da nur eine andere Stellung gewählt.« Darüber hinaus war die Information wichtig, den gewünschten Geschlechtsverkehr nach Möglichkeit nach der Punktion zu vollziehen, da dann der Bauch am flachsten ist. »Vielen Dank für ihre Hilfe«, berichtet sie beim nächsten Aufenthalt mit einem Leuchten in den Augen.

4. Intensive Therapie

Eine intensive Therapie erfordert ein langwieriges und kompliziertes Eingreifen durch Spezialisten, Annon ist jedoch überzeugt, dass solche Fälle im Vergleich zu anderen selten sind.
Dann liegt eine tiefer liegende Störung vor, die behandlungsbedürftig ist, z.B. Partnerschaftskonflikte, die schon lange bestehen, Missbrauch oder andere schwere Probleme. Diese müssen dann an Fachleute delegiert werden.

Begleitungsaufträge

Die Interventionsstufen des PLISSIT Modells verhalten sich wie ein Sieb, in dem leichtere Fälle nacheinander oben abgefangen werden, während die schweren in abnehmender Zahl nach unten sinken.
In den Stufen 1 – 3 können wir als Begleiter gefragt sein, den Mut zu haben, den Patienten Gesprächsangebote zu machen, über ihre körperlichen Veränderungen zu sprechen. Dabei soll nicht der Eindruck entstehen, alle schwerstkranken Patienten hätten ein Bedürfnis, über Sexualität zu sprechen, oder alles sei möglich. Eine fortschreitende Erkrankung bringt häufig

Veränderungen mit sich, die sich nicht beseitigen lassen und eine Sexualität wie in gesunden Tagen nicht mehr ermöglichen.
Diese Probleme sind aber nicht damit gelöst, indem sie nicht angesprochen werden. Das Angebot zum Gespräch und das Signalisieren von Normalität, sexuelle Bedürfnisse zu haben und leben zu wollen. Oftmals wird damit für Patienten und ihre Angehörigen ein Prozess ermöglicht, sich von ehemals vollen Möglichkeiten (gelebt oder auch nur erträumt) zu verabschieden und neue Wege zu finden.
Dies kann heftige Trauerreaktionen auslösen und mag daher zunächst erschrecken. Wie bei allen Reaktionen auf Trauer ist es aber hilfreich, diese auszudrücken und damit möglicherweise anzuerkennen. Dies ermöglicht neue Umgangs- und Bewältigungsstrategien.
Sexualität ist nicht nur Geschlechtsverkehr. »Auch wenn ein Mensch durch seine Erkrankung oder deren Behandlung in seiner Fähigkeit eingeschränkt ist, einen Koitus zu vollziehen, heißt das nicht, dass er über keine Sexualität mehr verfügt. Es gerät in dieser Situation oft in Vergessenheit, dass der Körper ein sinnliches und potenziell sexuelles Organ ist und diese Fähigkeit zum Empfinden lustvoller Berührungen in wenigen Fällen völlig verloren geht. Gemeinsam gelebte Sexualität ist nicht nur Geschlechtsverkehr: Der Koitus ist *eine* Ausdrucksform einer liebevollen Beziehung zwischen zwei Menschen, aber nicht die einzige. Viele Paare verzichten beim Auftreten einer sexuellen Einschränkung nicht nur auf jeglichen Versuch, den Geschlechtsverkehr zu vollziehen, sondern auch auf jede andere Form von Zärtlichkeit und Körperkontakt. Dabei ist der gesamte Körper für zärtliche und erregende Berührungen empfänglich und zur Liebkosung geeignet.«[6]

Ich mag meinen Körper nicht

Viele Patienten lehnen ihren Körper ab, da er nicht mehr schön oder für ihre Augen attraktiv ist. Bei vielen Patienten gibt es durch Operationen oder Therapien den Verlust von Körperteilen oder Organen. Auch Kachexie oder Schwellungen z.B. bei Lymphödemen ist häufig im Hinblick auf Attraktivität für viele Patienten ein Problem.
Ein behutsamer Umgang mit dem Patienten und das ehrliche Signal: Ich mag dich, oder auch: Ich finde dich auch so schön, vermittelt vielen Patienten neues Körpergefühl. Wir haben auf unserer Station eine Patientin mit einem exulcerierenden Tumor im Gesicht behandelt, die sich dafür sehr schämte. Im Team haben wir häufig darüber gesprochen, dass der Tumor, obwohl beim Verbandswechsel unangenehm riechend, für uns gar nicht schlimm ist, weil die Patientin so schöne Augen und ein so schönes Lächeln

hat. Wir haben uns irgendwann getraut, und es hat uns Überwindung und Mut gekostet, der Patientin zu sagen, dass wir sie schön finden, trotz des Tumors.
Sie war sehr glücklich über diese Rückmeldung und konnte darüber sprechen, wie schwer für sie das Nicht-Ansprechen der körperlichen Versehrtheit ist, obwohl es jeder sieht. Durch unsere Offenheit erhielt sie die Chance, sich in neuer Weise damit auseinander zu setzen.

Ich fühle mich einfach unbeholfen

Viele Angehörige haben Unsicherheiten, den schwer kranken Menschen zu berühren. Dann kann es ein wichtiger Auftrag für die Begleiter sein, Angehörige anzuleiten und z.B. in pflegerische Tätigkeiten zu integrieren. Dies hilft den Patienten und Angehörigen, Unbeholfenheit abzubauen und Zuneigung und Zärtlichkeit auf anderen, als bislang gekannten Wegen zu zeigen. Dazu kann gehören, Angehörige in Massagetechniken z.B. Fußmassage einzuweisen, oder durch das Vorleben, wie z.B. Hand halten Unsicherheiten abzubauen. Durch die Integration von Angehörigen wird die Paarbeziehung gestützt und damit die Chance zur gemeinsamen Bewältigung des Krankheitsprozesses gegeben.

Voraussetzungen für ein Gespräch

Um ein Gespräch über Sexualität führen zu können, ist ein gewisses Setting notwendig:

1. *Rolle klären*

   Im Rahmen der Begleitung ist es wichtig, über die eigene Rolle nachzudenken. In der Krankenpflege sehen wir die Patienten oft nackt und schutzlos, sie zeigen sich uns von einer Seite, die sie sogar oft vor ihrem Partner verdecken. Dies ist vor allem bei stark sichtbaren, vielleicht sezernierenden und riechenden Wunden von Bedeutung. Außerdem berühren wir im Rahmen der Pflege Menschen in intimen Bereichen.

   Für den Patienten ist dies u.U. unangenehm oder peinlich. In dieser Situation ist es wichtig, einen möglichst sachlichen Umgang in der Pflege einzuhalten bzw. eindeutig zu sein.

   Im Rahmen pflegerischer Maßnahmen ist es deshalb sicherlich nicht sinnvoll, ein Gespräch über Sexualität zu führen, weil es gerade praktisch ist, zwei Funktionen, das Waschen und das Gespräch, zu verbinden. Dann vermischen sich die Rollen des Gesprächspartners und des Pflegenden.

Dies kann damit gerade im Hinblick auf das Thema Sexualität zu unklaren Vermischungen führen.

2. *Ungestört sein*
   Ein Gespräch über Sexualität zu führen, fällt dem Patienten, aber auch uns häufig schwer und erfordert viel Konzentration. Geplante Gespräche sollte man so einrichten, dass man nicht gestört wird. Gespräche über Sexualität kann man sinnvollerweise am besten mit dem Patienten und dem Partner gemeinsam besprechen. Oft lassen sich Missverständnisse aus dem Weg räumen und Fantasien und Unterstellungen klären.

3. *Zeit nehmen*
   Wie bei allen Gesprächen ist es wichtig, sich einerseits Zeit zu nehmen, diese Zeit aber auch für Patienten und sich selbst zu begrenzen. Sich unendlich viel Zeit zu nehmen, bedeutet nicht zwangsläufig unendliche Effizienz.
   Die Konzentrationsfähigkeit von schwer kranken Patienten wird häufig unterschätzt.

4. *Patienten ernst nehmen*
   D.h. alle Gesprächsangebote, die der Patient macht, wichtig nehmen und nicht abwerten, oder aus Verlegenheit negieren

5. *Die Patienten ihre eigene Sprache sprechen lassen*
   Gerade im Bereich der Sexualität ist die Verbalisierung bei Patienten sehr unterschiedlich. Die Reflexion des eigenen Gesprächsverhaltens ist hier sehr hilfreich. Die Versuchung, in peinlichen Situationen mit Fachbegriffen zu agieren, ist oftmals hoch und führt zur Verunsicherung des Patienten.

Sichere Einstellung
Die sichere Einstellung wächst mit der eigenen Auseinandersetzung mit dem Thema. Die Voraussetzungen eines Gesprächs über Sexualität unterscheiden sich eigentlich kaum von anderem Gesprächsverhalten. Durch einen sachlichen, einfühlsamen und kompetenten Umgang können wir Patienten und Angehörigen den Ausdruck ihrer Fragen und Ängste ermöglichen.

Literatur

H.P. Rosemeier, H.-W. Höfert und W. Göpfert (Hg.): Intimität und Sexualität, Quintessenz Verlag, Berlin 1993.
G. Kokott: Männliche Sexualität. Psychiatrie für den Krankenhausalltag, Hippokrates Verlag, Stuttgart 1988.
S. Dunde: Handbuch Sexualität, Deutscher Studien Verlag, Weinheim 1992.
D. Johnson: Touch – Die Berührung, Jungfermann Verlag 1994.

Anmerkungen

1. Roche Lexikon der Medizin, 3. Aufl., 1993, Urban & Schwarzenberg Verlag, München.
2. *A.C. von Eschenbach und L.R. Schouer* (1984): Sexual rehabilitation of the cancer patient. Cancer Nursing 12(1): 10-15.
3. *L. Schover, S. Jensen:* Sexuality and chronic illness, The Guilford Press, New York 1988, 150.
4. *S. Zettl und J. Hartlapp:* Krebs und Sexualität, Weingärtner Verlag, Berlin 1996, 131.
5. *S. Zettl und J. Hartlapp:* Krebs und Sexualität, Weingärtner Verlag, Berlin 1996, 131.
6. *S. Zettl und J. Hartlapp:* Krebs und Sexualität, Weingärtner Verlag, Berlin 1996.

Lebensgeschichtlich begleiten

Hubert Böke

Wenn es zum Letzten geht, haben viele Menschen das Bedürfnis, noch einmal auf ihr Leben zurückzuschauen und ihre Geschichte(n) zu erzählen.

Finden sie einen Zuhörer, kann ihr Erzählen zu einer »abschiedlichen Wanderung« werden, zu einem »Blick zurück«, der helfen mag, den Weg nach »vorn« weiterzugehen.

Findet das Erzählen eine bleibende Form – in Bildern, geschriebenen Worten oder auf Tonträgern –, dann mag es über die Rückschau hinaus zu einem Geschenk werden für die Menschen – Angehörige und Freunde –, die bleiben.

So habe ich selbst es in unserer dänischen Familie erlebt:

Wir saßen beieinander. Der Rekorder lief und ich hörte zum ersten Mal die Stimme der Großmutter meiner Frau.

Lange Jahre, bald zwanzig, lag das Tonbandgespräch zurück. Der Vater meiner Frau hatte seine Mutter wenige Wochen vor ihrem Tod »interviewt«, hatte sie befragt nach dem, was ihr im Leben wichtig war. Es war ein wirkliches Gespräch zwischen den beiden; der Sohn fragt nach Ereignissen und Menschen, von denen er wenig weiß. Sie lachen. Familienangehörige, die längst nicht mehr leben, werden noch einmal lebendig. Anekdoten, die schon vergessen waren, kommen wieder ins Gedächtnis zurück.

Was mich berührt hat, war der Zeitpunkt des Interviews. Vier Wochen später ist die Großmutter meiner Frau gestorben. Der Tod kam nicht überraschend. Ihr Herz war porös wie ein alter Schlauch. Anginaanfälle kamen immer häufiger. Doch ihr Wille war so stark wie ein Leben lang.

Der Vater meiner Frau sagte an diesem Abend: »Wir haben beide gewusst, dass ihre Zeit zu Ende geht.« Gesprochen haben sie nicht über den Tod. Gesprochen haben sie über das Leben.

Meine Frau kannte das Tonband nicht. Sie war tief berührt, ihre Stimme zu hören. Mit den Tränen kamen all die eigenen Erinnerungen an die Großmutter.

Nach 20 Jahren war sie noch einmal im Kreis ihrer Familie, mit ihrer Stimme, mit ihrer Lebensgeschichte, mit allem, was sie uns Zuhörenden bedeutet hat. Auch mir als eingeheiratetem Fremden war sie nicht unbekannt. Meine Frau hatte immer wieder einmal von ihrer Großmutter erzählt. Ich

hatte Familienfotos gesehen. Ihre Stimme, ihre Geschichte aus ihrem Munde zu hören, war etwas ganz anderes.
Es war ein Abend mit Tränen und viel Lachen. Vor allem war es ein Abend mit vielen Geschichten, Familiengeschichten.
Für mich war es der Augenblick, der mich in die dänische Familie des Vaters hineingeholt hat. Nach diesem Abend hatte ich das Gefühl, zu meiner neuen Familie dazuzugehören.
Far (Vater) erinnerte sich, dass er lange überlegt hatte, seine Mutter um dieses (Tonband-) Gespräch zu bitten. Sie hat es gerne getan. Unausgesprochen wusste sie selbst, dass dies ein »Abschiedsdokument« sein würde; ein Geschenk für die Familie, eine letzte Gelegenheit, mit ihrer Erinnerung zum Gedächtnis der Familie beizutragen.
Dass sie dem Wunsch ihres Sohnes zustimmte, hatte wohl auch damit zu tun, dass es für sie selbst ein Abschiednehmen bedeutete.
»Was war wichtig in meinem Leben, worüber habe ich geweint, worüber habe ich gelacht, wer waren die Menschen, mit denen ich mein Leben gelebt habe, und wer war damals König in Dänemark, als ich eine junge Frau war und ich deinen Vater kennen gelernt habe.« Das war der einzige Augenblick, in dem ihre Stimme zitterte – als sie von ihrem Mann, dem Anfang ihrer Liebesgeschichte und seinem lange Jahre zurückliegenden Tod sprach. Das war die Stelle auf dem Tonband, an der beide für eine Weile schwiegen.

Den Geschichten zuhören

Oft höre ich, wenn einer von seinem Leben erzählt: »Ich könnte Bücher schreiben über mein Leben.« – Die wenigsten tun es. Dafür war nie die Zeit, das habe sie nicht gelernt und – wer soll es lesen?
Die Zeit zu erzählen aber ist immer da, wenn es einen Erzähler und einen Zuhörer gibt.
Wo immer Gespräch und Erzählen noch möglich sind, ist in der Begleitung Sterbender die Lebensgeschichte ganz präsent.
Frank Ostaseski, Leiter eines zen-buddhistischen Hospizes in San Francisco, sagt einmal auf die Frage, was denn im Hospiz an Begleitung geschehe:

»Wir versuchen mit unserem ganzen Körper zuzuhören,
nicht nur mit den Ohren.
Wir müssen uns ständig fragen:
Bin ich vollständig anwesend?
Oder schaue ich auf die Uhr oder aus dem Fenster?
Im Grunde ist das Einzige, das wir uns geben können,

unsere ungeteilte Aufmerksamkeit.
Das ist es, was wir im Hospiz versuchen:
Wir bleiben nahe dran und tun nichts.
Wir sitzen still
und hören den Geschichten zu.«

Ostaseski schreibt aus der Erfahrung eines stationären Hospizes, eines Ortes, an dem Menschen palliativmedizinisch und pflegerisch so gut als möglich umsorgt werden. In der Situation einer ambulanten häuslichen Begleitung stehen mehr noch die ganz konkreten Nöte des Sterbens »ins Haus«. Die medizinische und pflegerische Situation ist nur zu oft schwierig. Der Begleiter hat nicht immer die Chance, einfach da zu sein und den Geschichten zuzuhören. Aber es hat zumeist doch Zeiten, in denen das »stille Dasitzen und Zuhören« genau das ist, was der Sterbende zuallererst braucht: »Nahedranbleiben« und den Geschichten zuhören, die das Leben schrieb.

Im Angesicht des Todes wird vielen Menschen eine »abschiedliche Wanderung« durch das eigene Leben wichtig. Vielleicht ist es »am Ende« die Sinnfrage, die Menschen für sich selbst noch einmal klären wollen. Hat es einen roten Faden in meinem Leben gegeben; ist da ein Stern, dem ich folge; wird etwas bleiben von mir und meinem Leben, – eine Spur, die nicht verweht? – Vielleicht brauchen auch die eigenen Wunden und die Wunden, die ich anderen zugefügt habe, noch einmal ein geduldiges Ohr und ein waches Herz.

Oft sind es auch ganz einfach die Geschichten und Episoden, die das Leben geschrieben hat, die noch einmal aufsteigen, »Anekdoten«, die noch einmal erzählt werden wollen.

Das Erzählen, das »Abspulen« des eigenen Lebensfadens ist vielen Menschen ein großes Bedürfnis und eine Hilfe, wirklich Abschied nehmen zu können. Finden sie einen Menschen, der ihre »abschiedliche Wanderung« begleitet, der zuhört, der Anteil nimmt an ihrem Weg und ihrem Schicksal, mag das Loslassen leichter werden.

Lesen Sie einmal das Buch »Der Chronist der Winde«. Der schwedische Autor Henning Mankell schreibt die Geschichte eines afrikanischen Straßenjungen auf. Nelio erzählt auf seinem Sterbelager einem wildfremden Menschen neun Nächte lang sein Leben. Und er stirbt nicht, bis er es »zu Ende« erzählt hat. – Eine Geschichte, die mich tief berührt hat. Und so schreibt sie Mankell – als eine Geschichte, die den, der ihr zuhört, berührt.

Lebensgeschichten berühren. Sie berühren, wenn der Mensch, der sie erzählt, uns berührt.

Einen, der sich berühren lässt von seiner Geschichte, brauchte Nelio; einen, der ihm durch sein Zuhören hilft, die eigene Geschichte noch einmal zu sehen und vielleicht – im Erzählen – klarer noch zu verstehen.
Als »Fremde«, die mit dieser Geschichte nicht verwickelt sind – nicht im »Guten« und nicht im »Bösen« –, haben Hospizbegleiter aus »anteilnehmendem Abstand« die Chance, einen Menschen zu unterstützen, das eigene Leben »Revue passieren« zu lassen, dem eigenen Leben noch einmal auf die Spur zu kommen.
Das Zuhören braucht nur die ungeteilte Aufmerksamkeit: »Wir bleiben nahe dran und tun nichts, wir sitzen still und hören den Geschichten zu.«

Lebensgeschichte(n) bewahren

Wenn ein Mensch, den Sie begleiten, »mehr« will – vielleicht will er doch noch »sein Buch schreiben« und er verbindet damit die Absicht, der Familie und Freunden ein Geschenk zu hinterlassen –, kann es hilfreich sein, wenn Sie ihm Unterstützung anbieten können.
Die technisch und zeitlich einfachste Weise, etwas »zu Papier bzw. zu Gehör« zu bringen ist wohl das *Interviewgespräch* mit dem Kassettenrekorder. Die »Stimme« – darüber muss ich mir als Interviewer allerdings im Klaren sein – hat auf Angehörige und Freunde, die das Gespräch nach dem Tode hören werden, eine ganz tiefe Wirkung (s.o.). Sie berührt ganz anders als eine wie immer gestaltete Schriftform der Lebensgeschichte.
Bevor Sie sich an ein solches Interview heranwagen, ist es ratsam, einmal ein »Probeinterview« z.B. im Kreis der Hospizmitarbeiter zu führen – zum einen, um die Technik auszuprobieren, zum anderen aber auch, um ein Gefühl für die Möglichkeiten eines solchen Interviews zu bekommen.
Je schneller Sie vergessen, dass der Rekorder mitläuft, umso leichter werden Sie ins Gespräch finden.
Vielleicht vereinbaren Sie einen Einstieg und verabreden schon im Vorhinein Themen, die dem Begleiteten wichtig sind. Es kann aber geradeso gut sein, dass die Spontaneität des Interviews zu einem leichteren Anfangen führt.
Wie auch immer – einem Gesprächspartner kann ich erzählen, er nimmt Anteil, greift hier einen Gedanken auf, fragt da noch einmal nach, erinnert an etwas, was er in früheren Gesprächen gehört hat. Es ist das Gespräch, von dem diese Möglichkeit lebt. Dem Rekorder erzähle ich mein Leben nicht.
Für andere mag es eine gute Möglichkeit sein, mit dem *Auswählen von Bildern* aus der eigenen Lebens- und Familiengeschichte *ein besonderes Album* zusammen- zustellen – mit *den* Bildern, die den Angehörigen bleiben sollen. Lebensbilder haben ihre eigene Magie.

Oft gibt es eine Vielzahl von Alben, die allein schon von der Menge der Bilder her wenig »Überlebenschancen« haben. Häufig ist auch die Schublade voller Bilder, für deren Sortieren oder Einordnen man bislang weder Zeit noch Lust gefunden hat – eine Schatztruhe voller Erinnerungen, die in dieser chaotischen Fülle den Zurückbleibenden unüberschaubar bleiben wird. Allein schon das gemeinsame Anschauen, Kommentieren und Auswählen der eigenen Bildersammlung kann auf seine Weise helfen, Abschied zu gestalten. Kommt die Dimension des »Vermächtnisses« hinzu, wird deutlicher, was nach dem Wunsch des Sterbenden im Gedächtnis seiner Nähesten bleiben sollte.
Die »hautnäheste« Weise, ein solches Album zu gestalten, wäre es, dies mit den Menschen zu tun, die meine Nähesten sind (s.u. Frau M.). Oft aber wird ist es auch hier gut sein, einen Menschen im »anteilnehmenden Abstand« zu dieser meiner Geschichte an der Seite zu haben.
Ihnen als Begleiter kommt wiederum die Rolle des Zuhörenden und »Zuschauenden« zu, aber auch die *Rolle eines Archivars und Protokollanten*, – eines, der je nach Möglichkeit des Kranken hilft beim Erstellen und schriftlichen Kommentieren eines solchen Albums.
Frau B. war es ganz wichtig, zu bestimmen, wer ihren Schmuck nach ihrem Tod zum Geschenk erhalten sollte.
Gemeinsam kamen wir auf den Gedanken, das kleine »Erbe« in Geschenkpapier einzupacken und mit einem Kärtchen zu versehen:
»für meine liebe Janne von deiner Oma«.
Ein anderes Mal wurde ich gebeten, einen Brief »nach Diktat« aufzuschreiben – an einen Menschen, dem die Sterbende etwas ihr ganz Wichtiges zu sagen hatte, etwas, was sie zu Lebzeiten nicht mehr aussprechen konnte. Der Brief lag dann frankiert und mit Adresse versehen auf ihrem Schreibtisch.
Auch aus solchen Erfahrungen entstand das Buch »Nach innen wachsen«, das ich gemeinsam mit meiner Frau Lene Knudsen und Monika Müller geschrieben habe (Düsseldorf 1999). Das beigefügte persönliche Tagebuch *»An meine Lieben«* lädt ein, ein »Gespräch mit der eigenen Lebensgeschichte« zu führen und diese ganz eigene(n) Geschichte(n) für die Nähesten aufzuschreiben. Abgedruckt ist auch ein kleiner Stammbaum, der bis zu den Urgroßeltern reicht. Unter der Überschrift »Was ich weiß von meiner Familie« ermutigt es, beizutragen zum »Gedächtnis der Familie«. Die letzte Seite steht unter der Überschrift: Was ich dir / euch noch sagen will.
»An meine Lieben« ist ein 32-seitiges Büchlein, das nur die Überschriften anbietet (zu den eigenen Lebenszeiten; zu den Menschen, mit denen ich gelebt habe; zu besonderen Erlebnissen, Interessen, Erfahrungen z.B. »Wofür mein Herz schlägt«) und einlädt zum eigenen Schreiben und Gestalten.

In dieser Form ist es ein Angebot, das noch ein gutes Maß an eigener Gestaltungskraft voraussetzt. Es lädt ein zur eigenen »Autorenschaft«.
Aber auch in einer solchen Form ist es möglich, dass der Begleiter sich anbietet, das Gehörte für den Begleiteten aufzuschreiben; dass er seine Zeit und seine »Feder« dem anbietet, der die Kraft und vielleicht auch die Erfahrung im Schreiben nicht hat. Das Arbeiten mit einem solchen persönlichen Tagebuch könnte bei jedem Besuch unter einer oder mehreren Überschriften stehen. Der Begleiter könnte bis zum nächsten Besuch aufschreiben, was er gehört hat, und das Niedergeschriebene noch einmal vorlesen, bevor das nächste »Kapitel« auf die gleiche Weise entsteht.

Lebensgeschichtliche »Beziehungsarbeit«

In der Begleitung von Frau M. sind Mutter und Tochter diesen Weg miteinander gegangen. Meine Anregung war bei Frau M. auf guten Boden gefallen. Zunächst war die Idee, dass ich die Rolle des »Protokollanten« übernehmen sollte.
Als die Tochter von dem Projekt der Mutter erfuhr, war sie selbst Feuer und Flamme. Nach einem langen Gespräch mit der Mutter hat die Tochter die Rolle der »Schriftführerin« übernommen. Es hat sich eine ganz intensive Dynamik zwischen beiden entwickelt. Vom Erzählen weiß ich, dass sie oft miteinander gelacht und geweint haben.
Ganz wichtig war der Tochter die Geschichte der »Vorväter und -mütter« zu hören. Vieles von dem, was die Mutter erzählte, war ihr bis dahin unbekannt. Dass zwei Menschen, die einander zu nahe waren, als dass es nicht immer wieder für beide auch zu einem sehr schmerzlichen Weg wurde, diese »Arbeit« miteinander getan haben, hat mich sehr berührt. Ich habe es nie wieder erlebt. Vielleicht war es möglich, weil beide sehr eigenständige Menschen waren. In dieser Zeit des von beiden sehr bewusst gelebten Abschieds haben Mutter und Tochter noch einmal zu einer vorher nicht gelebten Nähe gefunden, – eine Nähe, die wohl erst der bevorstehende Abschied möglich gemacht hat.
Eine besondere Bedeutung hat dabei das Kapitel »Erinnerungen an Berufsjahre« bekommen. Frau M. hat über Jahrzehnte als Altenpflegerin gearbeitet. Auch im Alter war ihr der Beruf Identität. Als sie mir erzählte, dass sie nun mit ihrer Tochter an diesem Abschnitt arbeitete, und ich spürte, wie sehr ihr Herz an ihrer Berufszeit hing, kam mir der Gedanke, das Altenheim anzuschreiben, in dem sie ihre längste Arbeitszeit zugebracht hatte.
Die Tochter nahm den Gedanken auf. In ihrem Brief erklärte sie die Situation der Mutter, schrieb von ihrem »Buchprojekt« und erbat Bilder und Texte

aus der Geschichte des Altenheims. Es kam ein sehr freundlicher Brief zurück. Das Durchblättern und Lesen der Jubiläumsschrift und gesammelter Zeitungsartikel, das Wiedererkennen früherer Weggefährten und »alter Zeiten« war Frau M. eine ganz große Freude.
Als sie mir davon erzählte, sprach sie auch von ihrer Erfahrung mit dem Sterben. Sie hatte so viele Menschen gepflegt und begleitet und so viele auch sterben sehen, doch sie selbst tat sich sehr schwer, über ihr eigenes Sterben zu sprechen. Lieber sprach sie von ihrem Leben – und ich meine, es war ihre Weise, Abschied zu nehmen. Es erging ihr wie Nelio. Kurze Zeit, nachdem das Schlusskapitel geschrieben war, starb sie.
Frau M. hat mich gelehrt, wie die abschiedliche Wanderung durch das Leben zu helfen vermag, auch den letzten Weg zu gehen. Mit ihrer Tochter hat sie noch einmal das eigene Leben nach-gezeichnet, nach-gelebt. Am Ende dieser Arbeit war es Zeit für sie zu gehen.
Der Tochter ist dieses Buch der Mutter und ihr gemeinsames »Arbeiten« daran ein großes Geschenk. Es wird mit ihr gehen und die Erinnerung lebendig halten.
Das ist es, was wir tun können in der Begleitung eines Menschen, der gehen muss: Wir können nahe dran bleiben und den Geschichten zuhören.
Und ist es der Wunsch des Begleiteten, können wir unsere Unterstützung anbieten, diese Geschichten auch »aufzuschreiben« – für den, der geht und für die, die bleiben.

Ekel und Umgang damit

Michael Spohr[1]

In Situationen der Begleitung von Schwerstkranken und Sterbenden tauchen Ekelempfindungen auf: »Das werde ich wohl nie mehr aushalten, was ich in der Zeit der Pflege meines Vaters ertragen habe, heute schon weiß ich nicht, wie das ging!«, so eine pflegende Angehörige im Rückblick und im Erstaunen über sich selbst. Sie hatte im Gesprächskreis pflegender Angehöriger von seiner zunehmenden Inkontinenz, von Körperausscheidungen (Kot, Urin, Schleim, Wundsekret) aller Art und von der damit verbundenen sehr beißenden Geruchsbelästigung erzählt. Pflegende wissen nur zu gut, dass dies alles zum Pflegealltag gehörig ist. Wer in ein Zimmer kommt, in dem gepflegt wird, nimmt unmittelbar die wie »eingebrannten« Gerüche wahr, selbst wenn dort gut gereinigt und gelüftet wird. Unwillkürlich schlucken wir, spüren, dass unsere Speichelproduktion angeregt wird, merken vielleicht sogar, dass uns heiß wird.

In besonderer Weise scheinen Bronchial-Sekrete geeignet, Ekelgefühle zu erregen. Wer das »Absaugen« des Sekretes bei Menschen mit einem Lungenemphysem oder einem Bronchialschnitt hört, selbst ohne es zu sehen, wird einen Würgereiz verspüren. Offensichtlich assoziieren wir mit diesem Geräusch die Anwesenheit des fremden Sekretes in unseren eigenen Atemwegen. Das widert uns an.

Entscheidend sind wohl die Fremdheit oder Vertrautheit zwischen unserem und dem anderen Körper. Es macht für die meisten Menschen einen deutlichen Unterschied, ob sie das Erbrochene ihrer Kinder aus dem Schlafanzug und der Bettdecke entfernen müssen oder ob sie Erbrochenes vor einer Kneipentür sehen. Selbst leichter Mundgeruch ist für manche Menschen schon schwer erträglich, eine Atem-Fäulnis ist meist stark Ekel erregend. Der Geruch und der Anblick eines offenen Tumors, der damit verbundene »Hauch des Todes«, wenn es sich um eine exponierte Stelle wie das Gesicht handelt, erzeugt nicht nur ein starkes Mitleid, sondern meist einen deutlichen Ekel. Auch andere Gesichtsentstellungen, die unsere »Toleranz des Normalen« überschreiten, sind geeignet, Ekel und eine Abscheureaktion hervorzurufen. Nicht vergessen werden darf allerdings, dass es auch Ekelreaktionen auf verdorbene Lebensmittel, unangenehme Gerüche im Allgemeinen, auf manche Tiere (Ratten, Spinnen, ...) und auf spezielle Darstellungen in Medien (Gewaltszenen im Film etc.) gibt.

Alles Bemühen unserer Tage, die Anlässe für Ekel und Abscheu zurückzudrängen, uns schön und wohlriechend zu präsentieren – man denke nur an den Hygiene-, Kosmetika und Wohlgeruchsaufwand im Basement eines großen Kaufhauses –, kommt da an seine Grenzen, wo Krankheit, Pflegebedürftigkeit und Gebrechen auftreten. Spätestens hier beginnt die Auseinandersetzung mit dieser deutlichen, immer vorhandenen Seite unserer Lebensrealität.

Wortsinn von Ekel und Abscheu

Was aber ist der Unterschied zwischen Ekel und Abscheu? Zunächst: Ekel spüre ich in mir, Abscheu ist meine mich abwendende Reaktion darauf, ich scheue zurück.
Das Wort Ekel erscheint erstmals im 16. Jahrhundert und leitet sich vom mittelhochdeutschen »Eckel« ab, was Gräuel bedeutet. Möglicherweise gibt es eine sprachliche Verbindung zu »heikel«.
Abscheu und Scheu zeigen eine interessante Verbindung auf. Scheu geht auf »schiech« zurück, was verzagt, aber auch hässlich (die Angst, das Hässliche sich zuzumuten?) bedeuten kann. Verbindungen von scheu, schüchtern und scheuchen werden in den etymologischen Wörterbüchern[2] als möglich benannt.
Eindeutig ist die Verbindung von (ab)scheuen zu abwenden bzw. wie durch Scheuklappen den Blick auf »Schreckliches« bzw. Erschreckendes abzuwenden.
Der Wortsinn bestätigt den ersten Zugang: Ekel ist das innere Empfinden, Abscheu die äußere Reaktion, das sich Abwenden.

Ekel vor sich selbst

Menschen, die körperliche Veränderungen, meist einhergehend mit akuten oder chronischen Krankheiten, erleben und erleiden, die mit der Veränderung des Aussehens verbunden sind, entwickeln eine zunehmende Abscheu vor ihrem Anblick. Nur wenige Frauen können z.B. den Verlust ihrer Haare im Zusammenhang mit einer Chemotherapie wirklich annehmen, sportlich aktive Männer tun sich mit der Erschlaffung ihrer Muskulatur durch eine schwere Erkrankung, die Bettruhe verlangt, oft schon schwer.

Das Pflegepersonal erzählt in einer Teamsupervision von einem 78-jährigen Geistlichen, der in seiner teilweisen Verwirrung auch sehr klare Augenblicke hatte, sich in diesen aber besonders aggressiv zeigte und für alle Beteiligten sehr überraschende Reaktionen an den Tag legte. Dieser Patient war im Grunde ein sehr gepflegter Mann, der in zunehmendem Maße die Kontrolle über seine Ausscheidungen verlor. Immer dann, wenn er das Bett beschmutzt hatte, ließ er keine Pflegekraft mehr an das Bett, geschweige denn an seinen Körper, und zeigte sich sehr ablehnend und ruppig. Im Team wurde bereits gemeinsam mit dem behandelnden Arzt die Konsiliartätigkeit eines Psychiaters erwogen. Schließlich erkannte man, dass ihn die Scham über den Verlust seiner Körperfunktionen so reagieren ließ, dieses Verständnis machte den Umgang mit ihm deutlich entspannter und ließ auch Umgangsmöglichkeiten mit seinem Verhalten finden.

Deutlicher ausgeprägt ist der Ekel vor eigenen Gerüchen, die mit der Unausweichlichkeit dieses Faktums verbunden sind: »Ich kann nicht fliehen vor mir!«. Sich so ertragen zu müssen ist meist schon schwer genug, hinzu kommt aber die Überzeugung, »Ich bin eine unzumutbare Zumutung für die anderen!«, die nicht selten dazu führt, Hilfe nicht wirklich nehmen zu können, die Zuwendung der anderen als »reines Mitleid« minder zu schätzen und letztlich die Selbstüberzeugung der »Zumutung für alle anderen« immer stärker werden zu lassen.
En aggressives Sich-Präsentieren, um andere zu »testen« in ihrer Zuwendungsbereitschaft und -ehrlichkeit, kann sich dann mit einem Sich-Zurückziehen und Verstecken ablösen, teils um nicht abzuschrecken, teils aus Verzweiflung, die schon Hiob angesichts seiner Leiderfahrung so formulierte: »Mein Atem ist meiner Frau zuwider, die Söhne meiner Mutter ekelt es vor mir ... An Haut und Fleisch klebt mein Gebein, nur das Fleisch an meinen Zähnen blieb« (Hiob 19, 18 und 20).

Ekel vor anderen

Zunächst ist zu betonen, dass es starke interindividuelle Unterschiede bzgl. der Bereiche und des Ausmaßes der Empfindsamkeit (z.B. bei Erbrochenem, bei Urin, Auswurf ...) gibt. Was eine Person als gänzlich nicht ekelerregend erlebt, reicht bei der nächsten schon aus, selbst erbrechen zu müssen.
Ebenso große Unterschiede zeigen sich zwischen den möglichen Ekel-Anlässen, die durch Kinder bzw. alte Menschen gegeben werden, aber generell auch zwischen dem Kontakt unter Vertrauten und dem gegenüber Fremden.
Eine erste unwillkürliche Reaktion ist das Würgen als Ausdruck des Auswerfens, aber auch die Speichelproduktion und das Ausspucken, weiterhin der Versuch, den Geruchssinn zu schützen, z.B. durch Einatmen und Luft anhalten (die Nase zuhalten trauen sich dann oft nur noch Kinder!), aber auch das Wegschauen oder Weghören als Versuch, die Sinne insgesamt auszublenden.

Manche Menschen reagieren auch mit Ausschlag oder auch mit anderen Formen der Hautreaktion, die aber nicht immer in Zusammenhang mit der Ekelreaktion gedeutet werden.
Einmal erfahrener Ekel und die daraus resultierende Abscheu führen nicht selten zu einem Abstand und einer »Lauerhaltung« gegenüber dem betreffenden Menschen, der Kontakt wird vermieden, zumindest wird auf Distanz geachtet. Dies führt auf Seiten desjenigen, der Ekelimpulse hat, zu einem schlechten Gewissen (»Ich müsste mich doch eigentlich anders verhalten!«), auf Seiten des Betroffenen kann es die »Zumutungsempfindung« verstärken ...

Ekel und Sinne(nhaftigkeit)

Es ist schon deutlich geworden, dass alle Sinne beim Ekel beteiligt sind, vorrangig der Geruchs- und Geschmackssinn. Er ist die Sinnesmodalität, die genetisch die wahrscheinlich älteste und schon beim Säugling ausgeprägteste ist. Der Geruch eines vertrauten Menschen ist etwas sehr Intimes, die Liebe geht stärker über den Geruch als über »den Magen« (wobei die geruchliche und orale Lust eines guten Essens sicherlich nicht zu unterschätzen ist!).
Das Hinschauen und Sehen sowie die dann einsetzende gedankliche Verbindung mit anderen Sinnesmodalitäten, z.B. der Vorstellung, wie sich etwas anfühlt, etwas riecht, ist eine weitere wesentliche Form der Vermittlung von Ekelimpulsen.
Die einsetzende Berührungsangst komplettiert die sinnliche Reaktion auf die auslösende Situation. Gerade in Pflegesituationen ist dies für sensible Pflegende spürbar und als wichtiger Hinweis ernst zu nehmen.
Ekel ist aber auch gelernt. Wir bekamen als Kinder schon früh erklärt, ja befohlen, was schön und was nicht so schön, gar eklig ist. Waren die ersten Häufchen, die wir in die Windel machten, noch Anlass zu manchem munteren Juchzen der Mutter, so ist das Einkoten mit fünf Jahren »ekelig«. Probierten wir als Kleinkinder alle Dinge mit dem Mund, so wurden bald Unterschiede vorgeschrieben: »Nimm das nicht immer in den Mund!«

Ekel als Hilfe und Schutz

Die oben geschilderten unwillkürlichen Reaktionsweisen können von ihrer ursprünglichen Sinnenhaftigkeit her als natürliche, genuin biologische Schutzreaktion vor Infektion verstanden werden, denn Gerüche und Sekrete kündigen Gefahr an: »Die augenblickliche Verkrampfung des

oberen Digestivtraktes beim Ekel repräsentiert das Akutwerden einer generellen, unbewussten Abwehrhaltung zwecks Identitätssicherung unter Benutzung eines Giftschutzreflexes (Würgen, Erbrechen). Aller Ekel ist demnach Fremdekel, Abscheu vor dem, was nicht mit dem Ich in Verbindung gebracht werden soll, obwohl es ihm nahe steht ... Im Erleben des Ekels erfolgt die Aktualisierung primärer Ängste.«[3]
Eine alte Dame von 88 Jahren wurde erstmalig in Kurzzeitpflege gebracht. Als die Tochter ihre Mutter nach zweiwöchigem Aufenthalt wieder abholte, freute sich die alte Dame sehr und gestand: »Ich habe mich hier nicht wohl gefühlt, weil hier nur alte Leute sind. Ich bin nicht so vergesslich, gebrechlich und rieche auch nicht so, wie die hier riechen.« Hier sei erwähnt, dass die an einen Rollstuhl gefesselte Frau inkontinent und hoch pflegebedürftig war.

Eine moralische Beurteilung einer Ekelreaktion als »übertrieben« oder gar gänzlich unangemessen, ein Appell, der gerade im pflegerischen Kontext häufig an Lernende gerichtet wird (»Das stehst du schon durch, später macht es dir gar nichts mehr aus!«), geht über diese natürliche Schutzreaktion hinweg, statt sie als weitergehende Hilfe zu verstehen.
Die Ekelreaktion ist nämlich auch eine wichtige *Hilfe zum Erkennen meiner Grenzen* im Umgang mit zu Pflegenden. Gerade Altenpfleger/innen, aber auch alle Menschen, die ständig in potenziellen »Ekelsituationen« sind, könnten durch eine angemessene Auseinandersetzung damit unterschwellige eigene Ängste erkennen und bearbeiten: »Die Begegnung mit alten Menschen wird zum Blick in einen Spiegel, der die eigene Zukunft heraufbeschwört. Die Haut wird runzelig, die Wangen hohl, der Rücken gebeugt, die wenigen Haare machen das Hörgerät sichtbar, der Rollstuhl schränkt den Bewegungsradius ein. Sind die Augen vom Star getrübt oder verschleiern Verwirrtheit, Altersdemenz und Alzheimer den Blick? Die Hände zittern: Parkinson. Dekubitus, offene Beine, Zersetzung, dann Sterben und Tod. Ekelgefühle breiten sich aus.«[4]
In der Abwehr dieser Erfahrungen gelingt dem Ich der einzigartige »Kunstgriff« sich einzureden, dass dies alles nur den anderen betrifft und trifft, ihm selbst aber nie widerfahren kann und wird.
Neben dem Schutz vor – möglicherweise nur aufgrund von Unkenntnis – befürchteter Ansteckung bietet der nicht übergehende oder weggeredete Umgang mit Ekel die große Chance, die eigenen Grenzen und Ängste ehrlich zu erkunden, damit auf einem neuen Niveau – und dann auch meist den Betroffenen zugewandter und ihnen somit hilfreicher – »funktionstüchtig« zu sein.

Ekel und gesellschaftliche Prägung

Ekel ist keine Reaktion, die bei allen Menschen eines Kulturkreises, noch nicht einmal bei den Mitgliedern einer Familie gleichermaßen ausgeprägt ist. Schon gar nicht handelt es sich dabei um eine universelle Reaktion, in anderen Kulturen sind z.B. Maden eine Delikatesse, werden Ratten gebraten und wird möglicherweise mit Ausscheidungen und Körpersäften anders verfahren ...

Und dennoch gibt es deutliche gesellschaftliche Prägungen des Ekelempfindens, die sich insbesondere bei den Begegnungen mit alten, kranken und pflegebedürftigen Menschen, aber auch bei »dreckigen, stinkigen Pennern«, bei verwahrlosten Kindern etc. einstellen. Nicht nur der Geruch und die anderen oben beschriebenen Sinnesbeeinträchtigungen führen zum Ekel, sondern das gesellschaftlich transportierte »Ekel-Bild« eines verwahrlosten Nicht-Sesshaften verschärft das Ekel-Empfinden. Nicht nur dessen Geruch ist ekelhaft, sondern der ganze Mensch! Ich wende mich nicht vom Anblick des Speichels, sondern vom »sabbernden Alten« ab – er ist abscheuerregend!

Dabei unterliegen die gesellschaftlichen »Konventionen«, was denn ekelhaft sei, dem stetigen Wechsel: Ekelhaft nennen manche erfolgreiche Jungunternehmer die »jämmerliche Existenz von Arbeitslosen« und wollen sie nicht sehen. Ekelhaft auch für manche Zeitgenossen die behinderten Menschen, die im Urlaubsort am Strand anzutreffen sind, dort manchmal laute Freudenschreie von sich geben – und für diejenigen, die sich davon gestört fühlen, zum Anlass für einen Prozess um Reisekostenminderung werden. So viel zu gesellschaftlicher »Ekeldefinition«.

Die Verarmung der Auseinandersetzung mit so genannten »negativen« Gefühlen wie Ekel zeigt sich auch darin, wie gerne man den Umgang damit an Professionelle übergibt und sein schlechtes Gewissen dabei mit Lobreden kaschiert: »Welch schwerer Beruf! Ich könnte das nicht, den Schmutz von anderen entfernen!« Hier werden Gefühle abgegeben und institutionalisiert. Aber wehe, wenn die Institution dann versagt.

Ekel und Scham

Erhöhte Pflegebedürftigkeit geht mit der Entblößung des unansehnlicher gewordenen Körpers und manchmal sogar beschmutzten oder entstellten Körpers einher. Dabei werden durch die Kategorisierung in Pflegestufen auch die »Ekel erregenden« Parameter öffentlich.

Im Pflegealltag ergibt sich daraus folgendes Szenario: Mit der Überprüfung der Pflegebedürftigkeit werden in Zeitkorridore Leistungen zusammengefasst, wo der Patient öffentlich bekennen muss, wie groß die Harn- oder Stuhlinkontinenz ist. Wie beschämend die Öffentlichkeit seine Intimsphäre trifft, zeigt das folgende Beispiel:

Die Schwester betritt das Zimmer von Frau N., riecht, rümpft die Nase und sagt: »Haben Sie schon wieder ins Bett gemacht?« Frau N. antwortet: »Das war ich nicht.« Und schon glaubt jeder, sie sei dement. Nur ihre subjektive Wahrnehmung rettet sie vor der absoluten Würdelosigkeit. Den spürbaren Ekel und Widerwillen der Schwester fühlend, kann Frau N. den Konflikt nur auflösen, indem sie die wissende Wahrheit verdrängt.

Hospizliches Denken und Handeln versucht in der Begleitung die Annäherung zur Wahrheit zuzulassen. Vielleicht liegt eine Lösungs- bzw. Zulassungsmöglichkeit zunächst in der Akzeptanz von Ekel und Widerwillen und Schmutz. Eine solche Praxis im Altenheim zeigt z.B., dass, je mehr es gelingt, den nun einmal auftauchenden »Schmutz« eines hinfälligen Körpers als Normalität anzusehen, dazu beitragen kann, dass der alte Mensch seinen Ekel vor sich selbst und seine Scham überwinden kann, ohne sich »verleugnen« zu müssen.

Umgang mit Ekel

Auch wenn die letzten Ausführungen dies nahe zu legen scheinen, so ist Ekelempfinden zunächst nicht mit moralischen Kategorien zu fassen oder zu bewerten. Tritt ein solches Empfinden auf, so ist es gut, die eigene Aufmerksamkeit darauf zu lenken, um sich an dieser Stelle vielleicht auf die Spur zu kommen. Dies kann mit inneren Widerständen verbunden sein, da zu spüren ist, dass ein solches Inne-Halten und Nachforschen vorerst einmal die Funktionsfähigkeit beeinträchtigt, erst einmal geht nichts weiter wie bisher. In pflegerisch-beruflichen Zusammenhängen gibt es klare Anforderungen daran, was geleistet werden muss, auch was ausgehalten werden muss. Persönliche Differenzen in der Verträglichkeit sind nicht ohne weiteres außer Acht zu lassen, denn sie sind lebensgeschichtlich bedingt und insofern zu bejahen. Ein behutsames Thematisieren des Ekels, schon in der Ausbildung, ist neben den hilfreichen Techniken zur Reduktion von Ekel-Auslösern ein wichtiges Anliegen.

Doch nicht nur der Ekel vor dem/der anderen, sondern auch vor sich selbst, kann als hohe Selbst-Anforderung erlebt werden. Dazu ein Beispiel:

Eine selbst schwer erkrankte Pflegekraft, die immer »alles« aushielt, sich und den eigenen Geruch und Verfall nun nicht erträgt, hadert sehr mit sich, ohne es zu benennen. Ein aufmerksamer und behutsamer Seelsorger konnte dies mit ihr ansprechen. Viele dahinterliegende Ängste, Lebensthemen (»Ich bin nur etwas wert, wenn ich für andere da bin«) und Selbstzweifel konnten durch das »Nadelöhr« Ekel gefunden werden.

Eine wichtige und zweckmäßige Hilfe ist neben allem Hinterfragen aber auch die Information über z.B. Infektionsgefahren bei verschiedenen Erkrankungen, die mit Ausscheidungen verbunden sind. Dabei sollte nicht nur Wert gelegt werden auf »rationale«, sondern ebenso auf mögliche »irrationale Anteile«. Als wir in unserem ambulanten psycho-sozialen Hospizdienst den ersten AIDS-Betroffenen begleiteten, nahmen wir dies zum Anlass, das »Team« der acht Ehrenamtlichen mit einer erfahrenen Pflegekraft alle diese Fragen besprechen zu lassen, was sich deutlich Angst- und sicherlich auch Ekel-mindernd auswirkte.
Generell ist die Kommunikation der eigenen Erfahrungen mit denen anderer Pflegender und Betreuender, d.h. das einfache Reden und Aussprechen persönlicher Empfindungen und Vorstellungen und Fantasien schon sehr entlastend. Dafür müssen nicht zwingend andere Zusammenhänge, z.B. innerhalb einer Supervisionsgruppe, hergestellt werden, aber in einer solchen Gruppe ist das Thema Ekel, wie auch eine Reihe anderer Themen, die in der Pflege und Begleitung von Schwerkranken, Sterbenden und deren Angehörigen auftauchen, und in den gängigen Büchern zur Hospiz- und Pflegethematik selten vorkommen, gut aufgehoben.

Ein 48-jähriger alkoholkranker Mann mit weit fortgeschrittenem Ösophaguskarzinom wollte in den letzten sechs Tagen seines Lebens nicht mehr gewaschen werden, da ihm jede Anstrengung unerträglich schien. Der immer stärker werdende Geruch im Patientenzimmer war nun seinerseits für die Pflegenden immer unerträglicher. Das Team war dabei, sich abzuwenden. Die Situation wurde dann nur durch die klare Vereinbarung mit dem Sterbenskranken aushaltbar, seinen Wunsch zu berücksichtigen, ihm aber dann auch zuzumuten, den Anblick von Nasen- und Mundschutz bei den Pflegenden ertragen zu müssen.

Ein Gewöhnen an ekel-auslösende Situationen ist möglich, birgt jedoch die Gefahr eines grundsätzlichen Abstumpfens. Meist jedoch gelingt es sowieso nicht, den Ekel »generell« aus dem eigenen Empfindungsrepertoire zu eliminieren. Dies ist, wie bereits dargestellt, auch nicht wünschenswert. Ein Gewöhnen an Ekel auslösende Reize gelingt oft »nur« personbezogen (»Das Lungenemphysem meines Vaters«). Dies macht auch deutlich, dass die Einübung in das Ertragen auch nicht »für immer« gelingen kann. Pflegende berichten sogar von tageweisen Unterschieden im Ertragen des Geruches, des Ansehens etc. Dies alles ist insofern ein positives Zeichen, als es zeigt,

dass die Betreffenden nicht abgestumpft, sondern noch sehr lebendig sind, dass sie sich einen guten Zugang zum eigenen Erleben behalten haben.
Es gibt aber auch die Erfahrung, dass eine Verschärfung der mit der Wahrnehmung von Ekel auslösenden Momenten und damit ein zunehmendes Nicht-Ertragen-Können eintritt. Hier bekommt das Ekelempfinden deutlichen Hinweischarakter, ist es an der Zeit, darüber zu sprechen, sich »Auszukotzen« über die anzunehmende Unerträglichkeit der gesamten Situation. Ein Übergehen dieses Warnsignals hingegen wäre fatal.
Im Umgang mit ekelauslösenden Gerüchen, Sekreten, Geräuschen etc. sind Fantasie und Kompetenz zur Veränderung gefragt. Palliativ-pflegerisch ausgebildete Pflegekräfte haben hier einige Kompetenzen, aber auch einfache Hausmittel mögen manchmal ausreichen. Auch hier ist das tabufreie und offene Reden über den »Geruch« schon ein Anfang, diesen als Teil der Pflegenormalität zu sehen und ihm zu begegnen. Welche Gerüche z.B. durch welche Aromen überdeckt, welche Maßnahmen zum gezielten und effizienten Absaugen geeignet sind, lassen sich dann gut besprechen, wenn das Tabu des Ekels »vertrieben« ist.
Entstellendes Aussehen durch Tücher, Brille o.Ä. geschickt abzudecken ist eine weitere Möglichkeit, um vor sich selbst und anderen ein »Ansehen« zu behalten. Gleiches gilt bei Hilfsmitteln, die das Sprechen (z.B. bei Kehlkopfverlust) erlauben, damit der Betroffene nicht verstummen muss.

Was aber, wenn mein Ekelempfinden nicht veränderbar ist, sich trotz Sprechens darüber, trotz des Bemühens um Milderung der auslösenden Faktoren als überdauernd erweist? Dann gilt es, den Ekel als Grenze zu akzeptieren und wo es möglich ist, die Begegnung zu vermeiden. Dies ist in der häuslichen Pflege von Angehörigen fast unmöglich (vielleicht gibt es deshalb die Erfahrung, »es einmal, aber nie wieder ertragen zu können«), in der ambulanten und stationären Pflege gibt es zumindest Ausweichmöglichkeiten, die genutzt werden sollten. Im ambulanten Hospizeinsatz haben wir die Möglichkeit eingeräumt – und diese besteht immer – einen Einsatz z.B. aus diesem Grund beenden zu können.
Für einen Patienten mit Kehlkopf- und Bronchialkrebs mit ständigem Sekretauswurf wurde um eine hospizlich-ambulante Begleitung nachgefragt. Da die Schwierigkeit der Situation schon im Vorfeld – und nicht etwa erst nach Beendigung des Einsatzes – mit dem ehrenamtlich Hospizmitarbeitenden besprochen wurde, konnte, als dem Schwerstkranken und dem Begleiter die Unerträglichkeit im Miteinander spür- und erlebbar war, eine »Lösung« gefunden werden. Mit dem Hospizmitarbeitenden wurde die Bedeutung des offenen Kommunizierens der Grenze zwischen ihm und dem

Betroffenen als Lösungs- und Ablösungsmöglichkeit besprochen und eine Entscheidung darüber in seine Freiheit gestellt. Er entschloss sich zu diesem für ihn sicherlich nicht einfachen Gespräch und konnte eine gegenseitige Nähe und ein Verständnis finden, die ihm den Abschied ermöglichten, ohne ein schlechtes Gewissen zu haben. Ein anderer Hospizbegleiter übernahm die Betreuung.

Was folgt daraus?

Ekel und der Umgang mit Ekelerfahrungen sind vielschichtig, meist steckt hinter der vordergründigen Empfindung noch »mehr«. Dieses Mehr zu erspüren, sich ihm zu öffnen ist nicht leicht, da es verlangsamt und erst einmal nicht »funktionieren« lässt. Wer aber im pflegerischen oder hospizlichen Bereich wirkliche Begegnung sucht, wird nicht umhinkommen, sich dem eigenen Ekel über sich oder den anderen zu stellen, statt »ihn« wegmachen zu wollen. Einige abschließende Kriterien mögen zur Sensibilisierung des Umgangs mit dem eigenen Ekel dienen.

Umgang mit Ekel

- Ekelempfinden ist eine natürliche Reaktion.
- Ekelempfinden ist unwillkürlich sinnenvermittelt.
- Gesellschaftliche Konventionen prägen Ekel mit.
- Unterschiedliche Nähe und Fremdheit gegenüber der betreffenden Person prägen das Empfinden.
- Gegenüber dem Ekelempfinden kann sich Gewöhnung einstellen, aber auch das Gegenteil, eine verschärfte Wahrnehmung, tritt auf.
- Täglich unterschiedliches Erleben ist möglich.
- Dennoch ist dem Ekelempfinden nicht mit moralischen Kategorien zu begegnen (»Das darf nicht sein!«).
- Ekelempfinden und die ausgelöste Abscheu können Schutz vor Infektion bedeuten.
- Ekelempfinden ist Anlass zum Innehalten, nicht zum Wegmachen oder Übergehen desselben.
- Vorsicht ist geboten, wenn nicht der Auslöser für den Ekel (z.B. das Sekret oder der Geruch), sondern der ganze Mensch als »eklig« empfunden wird.
- Das Aussprechen der Empfindungen, auch gegenüber dem Betroffenen, kann das »Ekeltabu« und die Scham lösen und den Umgang mit der gesamten Situation entschärfen.

Anmerkungen

1. Wertvolle Hinweise, insbesondere Fallbeispiele aus der Praxis verdanke ich Monika Müller und Gerda Graf.
2. Vgl. z.B. Duden Band 7, Etymologie der deutschen Sprache.
3. *Lothar M. Penning:* Kulturgeschichtliche und sozialwissenschaftliche Aspekte des Ekels, Bitburg-Mötsch 1984 (Dissertation), zitiert nach: *Matthias Reineke:* Wenn's still wird um die Qualität des Alters. Ekel als Menetekel, in: *H.C. Berghaus, K.-H. Knapic, U. Sievert (Hg.):* Ekel und Gewalt gegenüber alten Menschen – Sterbehilfe im Alter? Kuratorium Deutsche Altershilfe, Köln 1995, 42-53, 50. Wie bereits ausgeführt, gibt es auch den Ekel vor sich und den eigenen Gerüchen, Sekreten, dem Aussehen etc., der aber genauso als das Erschrecken und Abgestoßensein vor dem Fremden verstanden werden kann.
4. *Matthias Reineke:* Wenn's still wird um die Qualität des Alters. Ekel als Menetekel, in: *H.C. Berghaus, K.-H. Knapic, U. Sievert (Hg.):* Ekel und Gewalt gegenüber alten Menschen – Sterbehilfe im Alter? Kuratorium Deutsche Altershilfe, Köln 1995, 42-53, 50, 51.

Wenn Sterbende aufhören zu sprechen

Angela Babanek

Kleine Gesten am Sterbebett

Vielfach erleben Sterbebegleiter, dass Menschen in ihrer letzten Lebensphase während einer kürzeren oder längeren Zeitspanne die Sprache nicht mehr zur Verfügung steht. Dabei ist aber das Bedürfnis nach persönlichen Kontakten zu einer nahen Person meist ungebrochen, vielleicht sogar stärker als jemals zuvor, mit Ausnahme der Kindheit. Das Miteinander-Sprechen ist jedoch oft schwer. Dieser Zustand verunsichert alle Beteiligten. Die Angehörigen fühlen sich hilflos. Die Atmosphäre droht noch depressiver und resignativer zu werden. Der Raum für Hoffnung und Erleichterung wird immer enger.

Andererseits sind Menschen, die eine nahe stehende Person bis in den Tod begleitet haben, häufig sehr bewegt von dem, was sie erlebten. Sie berichten von intensiven Beziehungen gerade auch dann, wenn Sprechen nicht mehr möglich war und der Kontakt zum Sterbenden »nur« noch über kleine Gesten erfahren wurde. Diese kleinen Gesten sind anscheinend wesentlich, um die psychische Arbeit des Sterbens zu bewältigen.

Der nicht-sprachliche Kontakt kann nur schwer in Worte gefasst, vielleicht nur indirekt wiedergegeben werden. Die oft kleinen Gesten und Riten werden leicht als banal empfunden. Sie erscheinen zu »klein«, um darüber zu berichten, sie wollen gelebt statt erzählt werden, oder sie sind dem Sterbebegleiter gar nicht erst bewusst. Ich möchte diese unscheinbaren Anteile einer Sterbebegleitung in ein neues Licht stellen: Die nicht-sprachliche Kommunikation ist eine einfache, direkte Basiskommunikation, die dem Menschen prinzipiell jederzeit zur Verfügung steht. Sie ist die Sprache der Beziehung, der Beziehung zu sich selbst, zum Mitmenschen und zur Welt. Es gibt Phasen des Lebens, in denen diese Kommunikation existenziell ist – und zwar beim Säugling und Kleinkind und – wie spiegelbildlich – in der Phase des Sterbens. Sie beruht häufig auf einfachsten Mitteln und wird daher leicht von erwachsenen Begleitern unterschätzt. Die Bewusstmachung und Aufmerksamkeit für diese Anteile des Dialogs in der Sterbebegleitung tragen dazu bei, den Kontakt zum Sterbenden angemessen zu gestalten.

Der Mensch lebt in Beziehungen, am Lebensanfang wie am Lebensende

Der Mensch ist ohne Beziehung zu anderen Menschen nicht lebensfähig, er ist an ein Gegenüber gebunden, ohne Gegenüber ist er nicht denkbar. Er lebt von Anfang an in sozialen Beziehungen zu Eltern, Geschwistern, Freunden und vielen andern. Er erfährt sich selbst als Person am deutlichsten im Spiegel zu einem anderen Menschen, im Austausch zwischen dem Ich und Du.

Schon ganz zu Beginn des Lebens ist die Mutter-Kind-Beziehung wesentlich für die Entwicklung des Säuglings zu einem Menschen mit einem Bewusstsein für sich selbst und mit einer Auffassung von Beziehung zu andern. Wie die neuere Säuglingsforschung zeigt[1,2], gehen die Beziehung stiftenden Aktionen vielfach vom Kind aus. Es ist von Anfang an kommunikativ und interaktiv und gestaltet auch in der ganz frühen Phase, bevor es Sprache erlernt, aus eigener Initiative die Beziehung zur Mutter oder einer anderen Bezugsperson. Die Körpersprache in dieser Mutter-Kind-Beziehung ist ein eindrückliches Beispiel für eine sprach-lose Kommunikation.

Das Lächelspiel zwischen Mutter und Kind zeigt deutlich, wie beide – Mutter *und* Kind – über Lächeln, Mimik, Plappern, rhythmische Bewegungen und Körperkontakt in einen Dialog treten, der häufig vom Kind ausgeht und der wechselseitig aufeinander abgestimmt ist. In diesem über einen durchaus längeren Zeitraum anhaltenden Kontakt werden nicht nur die Gesten, sondern auch die Gefühle beider aufeinander abgestimmt. Aus diesen Beziehungserfahrungen bauen sich das Selbst des Kindes und seine Beziehungsmuster kontinuierlich auf.

Diese Körpersprache in der Mutter-Kind-Beziehung lässt die grundlegende Bedeutung der Körpersprache in den Beziehungen auch zwischen erwachsenen Menschen und auch im Sterben erahnen. Das Erleben von Interaktionen im Menschen ist durch seine bei der Geburt mitgebrachten Fähigkeiten und Bedürfnissen grundgelegt. Von Anfang an erfolgt ein Austausch von Gefühlen nonverbal über Gestik, Mimik, Blickverhalten, Berührung und die Stimme. Gefühle und Erfahrungen von Beziehungen entwickeln sich in den beidseitigen Interaktionen. Als Folge erhalten Mimik, Blicke, Berührungen, Erfahrungen von Sich-Mitteilen und auch emotionales Erleben von Takt und Rhythmus einen hohen Stellenwert für Beziehungen.

Die in der frühen Kindheit erfahrenen und gelernten Möglichkeiten, in Kontakt zu treten, begleiten den Menschen das ganze Leben. Mit der Fähigkeit zum verbalen Austausch wird im Laufe des Erwachsenenlebens die Verständigung ohne Worte überdeckt durch die Sprache, die Körpersprache erfolgt jetzt größtenteils unbewusst. Zu Ende des Lebens hört oft das Reden wieder auf. Damit tritt auch die wortlose Kommunikation zur Verständigung, zum Gefühlsaustausch, zum Erleben der Verbundenheit wieder in den Vordergrund. Der Sterbende möchte ein letztes Mal die Verbundenheit von Ich und Du erleben. Wir möchten »an der Hand eines Menschen sterben, so wie wir an der Hand von Menschen leben lernten und zu leben vermochten«, schreibt ein erfahrener Sterbebegleiter.

Es ist eine immer wieder anzutreffende Erfahrung, dass die psychischen und physischen Fähigkeiten am Lebensende mit denen am Lebensanfang verglichen werden können. »Das Ende des Lebensprozesses hat mit dem Anfang vieles gemein, [...] die Zwischenleiblichkeit im nonverbalen Dialog von Körper zu Körper, [...] die Sprache [...] wird karg, häufig kindlich, bis in die Nonverbalität, [...] die Affekte werden basaler«, schreibt der Gestalttherapeut Hilarion Petzold[3]. Am Ende des Lebens werden die Fähigkeiten des Menschen wieder zurückgebildet und zwar in der Weise, dass die zuerst erworbenen Fähigkeiten am längsten erhalten bleiben. Dazu gehört demnach das oben erwähnte Blickverhalten und die Beobachtung, dass die Hörfähigkeit und das Fühlen bis zum Schluss den Sterbenden mit der Außenwelt verbinden. Auch durch meine Arbeit mit alten Menschen fühle ich mich ermutigt, die nicht-sprachliche Kommunikation Sterbender auf die Interaktionserfahrung von Säuglingen und Kleinkindern zurückzuführen: Prozesse der Rückbildung im Alter führen dazu, dass alte Menschen sich gelegentlich in ihrem Verhalten wieder dem von Kleinkindern annähern.

Gehe ich von den grundlegenden Interaktionserfahrungen des Menschen im Säuglingsalter aus, dann muss ich annehmen, dass der Mensch auch im Sterben ein großes Bedürfnis nach einem Menschen hat, den er spüren, sehen und fühlen kann, der ihm zur Seite steht und seine Gefühle versteht.

Die verbale und die nonverbale Kommunikation

Aus der Sicht der Psychologie[4] ist Kommunikation eine Interaktion zwischen Menschen, bei der persönliche Gedanken und Gefühle in Symbole, Zeichen und Wörter verwandelt werden, die andere erkennen und wieder in Vorstellungen und Ideen zurückverwandeln können. Der Mensch hat verschiedene Kommunikationssysteme entwickelt: die natürliche Sprache mit ihren Wörtern, künstliche Sprachen wie z.B. Computersprachen, die visuelle Kommunikation durch Bilder – die nonverbale Kommunikation durch Körpersprache (Haltungen, Gesten, Lächeln, Augenkontakt und Bewegungsabläufe wie Tänze) und durch die Stimme (z.B. Betonung und Lautstärke). Hinzu kommt die Sprache der Musik.

Die Kommunikation ist das Mittel, mit dem der Mensch die sicht- oder hörbare Brücke aus seinem Inneren heraus nach außen baut: Er erfährt die Welt über seine Sinne, verinnerlicht die Wahrnehmungen, baut sich eine Innenwelt und äußert diese Innenwelt durch Wörter, Bilder, Musik, Bewegung. Diese Äußerungen sind einem andern wiederum Außenwelt, die dieser sinnlich erfahren kann. Ein Sterbebegleiter lernt, die Sprache eines Menschen im Angesicht des Todes zu verstehen – verbal und nonverbal –, um ihm in der krisenhaften Situation wirklich beistehen zu können, um sich angemessen einzubringen und nicht nur Beobachter zu bleiben.

Die verbale Sprache ist das Kommunikationsmittel des Menschen, das er nach seinem ersten Lebensjahr erlernt und auf das er sich dann in der Regel bis kurz vor seinem Tod sicher verlässt, um sich der Welt mitzuteilen. Sie ist das Werkzeug seines Denkens und dessen mehr oder weniger bewusster Ausdruck. Sprache macht Abstraktes erfassbar und Unsichtbares sichtbar. Sie fasst Gefühle in Worte. Sie dient der Bewahrung und Befestigung von Erkenntnissen, neigt jedoch entsprechend dieser festschreibenden Eigenschaften dazu, sich gegenüber fließenden Änderungsprozessen, wie sie in der Psyche vorkommen, sperrig zu verhalten, sodass wir im Bereich der Gefühle schnell sagen, »dafür habe ich keine Worte«. Sie ist nicht nur Vermittler objektiver Tatsachen, wird aber meist auf diese Ebene reduziert. Es ist Lernziel westlicher Kultur, möglichst sachlich, exakt und eindeutig zu sprechen, sich objektiv zu äußern.

Kommunikation hat jedoch auch stark subjektiven Charakter. Diese subjektiven Aspekte werden vor allem durch die nonverbalen Komponenten wie Gestik und Stimmlage vermittelt. Persönliche Gefühle, Appelle, Beziehungsaspekte fließen ein. Wird das sprechende Gegenüber lediglich von der Sachebene her verstanden, weil dieser Teil der Sprache als klar begriffen wird, muss es unweigerlich gerade deshalb zu Missverständnissen kommen. Die anderen, meist unbeabsichtigten Teile der Mitteilung sind verloren gegangen: Das gegenseitige Verstehen wird vermisst – trotz der klaren Sprache.

Die persönlich geprägte Wahrnehmung des andern, die ebenfalls persönlich geprägte Reaktion darauf sind Grundlage jeder Beziehung. Und Beziehung ist in jedem Fall subjektiv. Werden Gefühle einbezogen, im Gespräch und vor allem durch Gestik, Mimik und Berührung, auch in ihrer Mehrdeutigkeit und ihren Zwischentönen, zwischen Menschen kommuniziert, so erhalten sie Realität. Und Beziehung wird erfahrbar. Aufgehoben in einer Kommunikation, die Beziehung einschließt, weil sie die Gefühlsebene realisiert, kann der Sterbende sich verstanden fühlen, sich als ganze Person aufgehoben und angenommen fühlen.

Sprache ist auch Träger einer symbolischen Bedeutung. Hier hat die Sprache eine nahe Verwandtschaft zur Bildkommunikation. Es ist die Sprache der Geschichten, der Gleichnisse, der Symbole und Metaphern. Sterbende sind kreativ darin, ihre eigenen Sprachbilder zu schaffen, um über ihren nahen Tod zu sprechen oder um sich zu verabschieden, ohne den Tod selbst zu erwähnen. Sie bereiten eine Reise vor oder verschenken einen Stock, den sie selbst dringend zum Gehen brauchen[5].

Sprache ist auch im Sterben ein wesentliches Mittel der Interaktion. Aber weil die eigene Identität existenziell bedroht ist, nahe Beziehungen gefährdet sind und der bevorstehende Tod oft kaum zu besprechen ist, macht Sterben auch sprachlos, die wortlose Mitteilung gewinnt an Bedeutung. Wörter kommentieren oft nur noch und geben weitere Hinweise auf die Befindlichkeit des Sterbenden. In der finalen Phase des Sterbeprozesses hört das Sprechen irgendwann ganz auf, ohne dass der Wunsch nach Nähe und Verstandenwerden ein Ende finden würde. Der Wunsch nach Kommunikation bleibt, aber Wort-los. Kübler-Ross beschreibt: »Während des stummen Vorbereitungsschmerzes sprechen sie nicht mehr viel; sie können ihren Kummer und ihre Trauer nicht in Worte fassen [...]. Ein Händehalten oder eine Berührung ist wichtiger als Worte«[6].

Nicht-sprachliche Kommunikation ist also keinesfalls nur als letzter Rest kommunikativer Möglichkeiten zu sehen. Kommunikation über Blicke, Berührungen, Gestik, Mimik ist eine im menschlichen Dasein durchgängige Komponente, die im Sterben eine große Bedeutung erhält. Sie eröffnet einen Kanal für die Kommunikation von Gefühlen und Beziehungsaspekten. Im Sterben sind die Bereiche der Intuition, der Beobachtung und Wahrnehmung, des Fühlens wichtiger als das logische Denken. Die Sprache mit ihrem Anspruch an Sachlichkeit und Objektivität verstellt leicht den Blick und das Hören auf diese emotionalen Bereiche. Berührungen oder der Austausch von Blicken erlauben unverstellt den Austausch von Gefühlen. Der Raum für gegenseitige Wahrnehmung wird ohne Sprache oft größer, es wird keine Energie für die Aufmerksamkeit auf Gedanken geraubt. Ein hohes Maß an Nähe kann entstehen. Die sachliche Sprache trennt durch ihre Suche nach möglichst großer Genauigkeit, die nonverbale Sprache hilft bei der Suche nach Verstandenwerden und nach Verbundenheit. Das Zweideutige, das Unaussprechliche, das Unberechenbare erhält Raum.

Einige prinzipielle Unterschiede im Umgang mit verbaler und nonverbaler Mitteilung sind wichtig, sich bewusst zu machen. Mitgemeintes Wissen und Assoziationen lassen dem Empfänger bei der visuellen Wahrnehmung viel Raum für ein eigenes Begreifen und Interpretieren; in der verbalen Sprache wird deren Deutung eher vom Sender festgelegt. Körpersprache ist mehrdeutig, erst ihr Kontext und / oder sprachliche Ergänzungen führen zu größerer Eindeutigkeit. Das Wissen darum sollte entsprechend vorsichtig machen, den Sterbenden auf eigene Interpretationen festzulegen. Offenheit ist gefragt, den Sterbenden immer wieder neu zu sehen und ihn nicht durch die eigenen Wahrnehmungsmuster einzuengen oder falsch zu verstehen. Projektionen, die Übertragung eigener Gefühle und Erwartungen auf den Kranken, haben in der wortlosen Kommunikation einen größeren Raum für nicht passende Deutungen als beim Sprechen mit Worten. So ist vor allem die Angst zu erwähnen, die Angst des Sterbebegleiters vor dem eigenen Tod und die durch Gestik und Mimik ungewollte Übertragung auf den Sterbenden [7]. Vor allem unterdrückte Angst verhindert Wahrhaftigkeit und Offenheit in der Kommunikation. Fähigkeit zur Reflexion und Ich-Stärke sind Grundvoraussetzungen in der Sterbebegleitung.

Die Vielfalt nonverbaler Kommunikationsmöglichkeiten

Wenn der Mensch sich der Sprache nicht mehr bedienen kann, weil Krebs, Schlaganfall oder andere Krankheiten das Sprechen verhindern oder weil das seelische Erleben zu vielschichtig oder zu intensiv ist für den sprachlichen Ausdruck oder weil im Prozess des Sterbens die sprachliche Verständigung zu den bereits verabschiedeten Fähigkeiten gehört, dann wird der Sterbende über Blicke, Berührungen und einfache Gesten den Austausch mit nahen Menschen erfahren können. Medien wie Ton, Malutensilien und Musik können Anregungen geben für den inneren Monolog, für die Zwiesprache mit sich selbst. Einfache Dinge wie Steine, Blumen und Rinde helfen dem Sterbenden, über Riechen, Sehen und Fühlen seine verbliebene Lebendigkeit zu erfahren und einen aktiven Abschied zu vollziehen. Über Musik, Vorlesen, Vorbeten und Lieder kann den spirituellen Bedürfnissen Nahrung gegeben werden. Häufig sind die Kommunikationsmittel von sehr einfacher Natur und Handhabung, die Schwierigkeit liegt in der Einfühlung für den Sterbenden, in dem Gespür für das, was noch leben möchte.
Im Folgenden beschränke ich mich auf die Körpersprache, die Sprache, die in frühester Kindheit erlernt wurde, um sinnlich mit Menschen Kontakt aufzunehmen und Beziehung zu gestalten, Körpersprache über Haltung, Mimik, Gestik, Blicke und Bewegung im Raum und ebenso die Stimme. Über Körpersprache werden Gefühle kommuniziert und erfahrbar gemacht. Meist wird sie unbewusst geäußert und auch unbewusst entschlüsselt. Erst wenn sie nicht mehr von Worten begleitet ist, tritt die Körpersprache stär-

ker ins Bewusstsein und kann dann zu hohen Intensitäten an Gefühlen und Beziehungen führen.
Da im westlichen Kulturkreis die Kommunikation über Körpersprache zwischen Erwachsenen vielfach ungewohnt ist, ist sie oft mit Hemmungen verbunden. Die zur verbalen Sprache als passend wahrgenommene Körpersprache vermittelt die Zuwendung und Bejahung, die der Sterbende für seine Stärkung der Identität so notwendig braucht. Die Körpersprache ist regelrecht die Sprache der Sterbenden in der finalen Phase. Abgesehen von spezielleren Inhalten vermittelt sie auch das Verbundensein, das Mit-Teilen: Einen oder zwei geliebte Menschen um sich haben, die still am Bett sitzen und eine Hand des Sterbenden halten, ist wichtiger als Worte. Über das Hören und Fühlen wird zuletzt noch das Gehaltenwerden erfahren, um das Alleine-fort-gehen möglich zu machen. Die Sterbesituation verlangt nach einem authentischen Ausdruck in der Körpersprache und auch nach einer stimmigen Atmosphäre des Hauses, welche die Kostbarkeit des Lebens spürbar werden lässt, gerade weil es zu Ende geht. Das Vermitteln von Nähe und Wärme durch Zuspruch oder einfach nur Dasein, ohne den Gehenden festhalten zu wollen, erfordert Ich-Stärke des Tröstenden.
Der Eintritt des Todes beendet nicht die Interaktion: Die Angehörigen und Freunde bedürfen des Kontaktes zunächst mit dem Sterbenden und dann auch mit dem Verstorbenen. Ihn anzuschauen und zu berühren erleichtert es, die Realität anzuerkennen und der heilenden Trauer den Weg zu öffnen.

Einfach da sein

Meist stellt sich im Laufe des Sterbens für den Betroffenen die Situation ein, dass nichts mehr erreicht werden muss. Er muss keine Regelungen mehr treffen , keine Konflikte mehr lösen, weder äußere noch innere, er kämpft nicht mehr gegen den bevorstehenden Tod, er hat ihn akzeptiert. Spätestens dann wird für den Begleiter offensichtlich, wie sehr der Sterbende sein Mit-ihm-Aushalten braucht. Das Aushalten ist auch in allen anderen Phasen gefragt, in den Phasen des Aufgewühltseins, der Entscheidungen über medizinische Behandlungsmethoden und andere Fragen in einer eventuell langen Krankheitsphase. Aber in der letzten Phase treten alle konkreten Anforderungen an den Begleiter zurück, und er empfindet an Anforderung »nur noch« das Aushalten und das Dasein und nicht zuletzt den Mut, den Sterbenden loszulassen und ohne ihn weiterleben zu wollen. Die mitteilenden Gesten werden klein, das Dasein von Ich und Du im Angesicht des Todes nimmt Raum ein.

Auch eine schwer kranke Frau berichtet: »Am allermeisten halfen mir Menschen, die einfach *da* waren, mir die Hand hielten, oft so hilflos, sprachlos, mit mir weinend, aber in ihrem Dasein so wichtig! Sie hörten mir zu, schenkten mir ihr Ohr und ihr Herz.« [8] Dieses »nur noch« Dasein kann sich dehnen und den Raum füllen und zu intensiven, verbindenden Erlebnissen führen. Dieses erfüllte Gefühl kann wechseln mit der Erfahrung, mit leeren Händen dazustehen, nichts machen zu können und nicht helfen zu können, mit dem Gefühl des Verlassenseins auch für den Begleiter.
Das Dasein ist die Zeit des Schweigens. In Momenten, in denen die Personen sich selbst und gegenseitig und den nahenden Tod akzeptieren können, wird das Schweigen eine kommunikative Stille. Es ist das Ende des überflüssigen Redens. Schweigen im Kontakt mit dem andern ist ein Gespräch ohne Worte und Töne und Tun. Die körperliche Anwesenheit, ohne sich innerlich davonzustehlen, gibt Halt.
Die Fähigkeit des Begleiters zur Präsenz und zur Anerkennung des Du verändert die oft beobachtete verdünnte Atmosphäre der Mitmenschlichkeit in eine Atmosphäre der Wärme.

Körper-Berührungen

Da sein ist ohne Berührung kaum denkbar. Körperliches Dasein ist Leibsein und schließt den Kontakt zum Kranken mit ein. Dieser Kontakt ist dann sehr leicht ein körperlicher Kontakt, eine Berührung. Über den Leib wird das Wie des Zusammenseins mit andern in einer gemeinsamen Welt erfahren. Viele Redewendungen, Buchtitel und Liedzeilen weisen auf die Bedeutung des Körperkontaktes in der Sterbebegleitung hin: »Dem andern zur Seite stehen«, »an der Hand eines Menschen sterben«, »getragen werden«, »So nimm denn meine Hände und führe mich« und auch »wie er leibt und lebt«. Das Angebot an Körperkontakt ist unverzichtbar. Es ist ein nonverbaler Dialog von Körper zu Körper.
Ich selbst streichelte einer sterbenden alten Frau, deren faltiges Gesicht von einem harten Leben zeugte und die mich in den vielen Wochen zuvor an ihren durchaus schmerzhaften Lebenserinnerungen hatte Anteil nehmen lassen, unentwegt in ihrer letzten Stunde im Rhythmus ihres Atems über ihre Hand. Sie lag ganz ruhig mit geschlossenen Augen und sprach nicht mehr. Vielleicht war sie bewusstlos. Sie blickte mich dann noch einmal an und atmete kurze Zeit darauf ihr Leben aus.
Gerade bewusstlose Patienten sind über körperliche Zuwendungen ebenso wie über die Stimme immer noch erreichbar. Komatöse und wieder gesundete Menschen erinnern sich an körperliche Zuwendungen während des

Komas und erzählen, dass sie sich davon ermutigt fühlten, durchzuhalten [9]. Die Autoren Anne-Marie und Reinhard Tausch [10] zeigen, wie sehr körperliche Nähe durch Beieinanderliegen beruhigen und die Todesangst nehmen, wie über die Nähe zweier Körper das Miteinanderteilen erlebt werden kann. Obwohl: »Es ist nicht mehr üblich, sich zu dem Sterbenden zu legen, um ihn zu wärmen, so wie sich eine Mutter zu ihrem kranken Kind legt«, Hilarion Petzold hat sicher Recht mit dieser Aussage [11].
Ein wesentlicher Aspekt der Körper-Berührung ist die Pflege. Ein schwer kranker bzw. sterbender Mensch braucht eine sichere, möglichst perfekte Krankenpflege. Er wird aber sehr deutlich spüren, ob die Behandlung rein funktional oder gar mit innerer Ablehnung ausgeführt wird. Andererseits wird ihm neben der sicheren Ausführung der Pflege auch eine innere und damit auch körperlich spürbare Zuwendung gut tun und ihm ein wenig Selbstwertgefühl im sterbenden Körper geben.
Der Leib verfällt, aber er trägt das Leben bis zum letzten Atemzug. Verdrängung und Hader mit dem kranken Leib führen zu inneren Kämpfen und zu Schmerzen. Ist es dem Sterbenden möglich, sich mit seinem Leib zu versöhnen, so gelingt auch das Loslassen des Leibes. Die wesentliche Qualität der Berührung liegt in der durch Berührung vermittelten Beziehung, durch Berührungen bei der Pflege, bei Tröstung und Linderung, die den ganzen Menschen meinen. Diese Akzeptanz des kranken oder alten Körpers ist die Grundlage der Selbstakzeptanz. Diese Sprache des Körpers ermöglicht gleichzeitig eine Unmittelbarkeit und Innigkeit, die an nahe Beziehungen wie bei Mutter und Kind und bei Lebenspartnern erinnern.

Hören einer Stimme

Die gesprochene Sprache vermittelt sehr viel mehr als nur Worte. Jeder macht die Erfahrung, dass es schön ist, die Stimme eines lieben Menschen zu hören, wobei der Inhalt der Worte zweitrangig ist. Die Stimme ist individuell von der Physiologie und situationsabhängig von der Stimmung geprägt. Sie setzt sich zusammen aus Tonhöhe, Lautstärke, Volumen, Klangfarbe, Sprechtempo, rhythmischem Ablauf, Akzentuierung, Artikulation, Sprechstil. Mit der Stimme wird die jeweilige Einstellung des Begleiters zum Kranken und zu seiner Situation transportiert, seine Aufregung oder Gelassenheit, seine Zuneigung oder Gleichgültigkeit, seine Freundschaft oder seine Konfliktbereitschaft, seine Angst oder seine Zuversicht und sein Vertrauen in das Leben.
Ebenso wie über Berührungen sind komatöse Patienten offenbar auch über die Stimme erreichbar. Die Information des Gesprochenen ist dabei nicht

so wichtig – obwohl wiedererwachte Patienten sich auch an gesprochene Worte erinnern können – wie der Zuspruch, der in der Stimme liegt. Auch wenn nicht klar ist, ob der Bewusstlose oder Sterbende noch hört, sollte nie auf die Mut machende Ansprache verzichtet werden, den Mut, den eigenen Weg zu gehen. Von wiederbelebten Menschen ist bekannt, dass die Sinnesorgane mehr aufnehmen, als es der Umgebung deutlich wird. Die Hörfähigkeit ist die Sinnesleistung, die zuletzt stirbt.

Das Vorlesen von Märchen, Gleichnissen, Gedichten, Lied- und Bibeltexten, sprachliche Symbolgestalten, die ebenso wie Bilder die komplexe Gefühlswelt Sterbender ansprechen können, vermitteln über den Inhalt hinaus das Aufgehobensein in einer nährenden Beziehung. Der Inhalt solcher Texte regt die Psyche an, beeinflusst die Gemütslage, macht Angebote zur Sinnfindung. Poetische Texte, die durch ihre musikalischen und bildhaften Strukturen der Sprache Erfahrungen mit der Welt neu erleben lassen, können verzaubern [12]. Das Hören solcher Texte, gelesen von einer zugewandten Stimme, verstärken das Aufgehobensein in eine Gemeinschaft und eine gemeinsame Wertewelt. Selbst Kinderlieder bekommen wieder einen hohen Stellenwert. Gerne wird in der Erinnerung wieder an die Kindheit angeknüpft. Bekannte Liedtexte, Geschichten aus der Bibel, Gebete und Psalmen stärken die Identität religiöser Menschen und ihre Hoffnung auf ein Aufgehobensein auf dem Weg des Sterbens und auf einen leichten Übergang vom Hier ins Dort. Das Vorlesen symbolischer Texte sucht nicht die sprachliche Klärung, sondern das Mitschwingen. Durch Vorlesen, durch Gestik und Mimik, durch stimmliche Äußerungen und auch durch wiederholtes Vorlesen wird der Sterbende aufgenommen in die Atmosphäre des Textes und in eine Beziehung zum Vorlesenden [13].

Blickkontakt

»Wenn Blicke sprechen könnten« oder auch »wenn Blicke töten könnten« sind bekannte Redewendungen, die wiedergeben, wie emotionale Botschaften mit den Augen an die Umwelt abgesandt werden. Angst und Sorge, Ruhe und Gelassenheit oder gar Freude, Unruhe oder Schmerzen sind an Blicken ablesbar und können hinüber wie herüber zwischen dem Sterbenden und dem Begleiter kommuniziert werden.

Wie bei Berührungen und beim Hören hat auch der Blick identitäts- und beziehungsstiftende Wirkungen. Durch ein vertrautes Anschauen: »Du bist der, den ich kenne« wird ein Sich-selbst-Erkennen des Angeschauten: »Ich bin der, der Ich bin« initiiert. Dieser Prozess ist ein gegenseitiger, und das Erkennen meint den Inhalt der Beziehung, die beide miteinander leben –

mit all ihrer Fülle oder ihren Mängeln. Der Mensch braucht zum Erleben seiner Identität den andern Menschen, nicht nur den Spiegel aus Glas, sondern den Spiegel eines Gesichtes. Über dieses Gesicht mit seinem Blick wird das Erkennen transportiert, ein Erkennen, das in seiner Fülle auch als Liebe bezeichnet wird.

Gestik und Mimik

Die Bewegungen des Körpers, die Gestik, und des Gesichtes, die Mimik, resultieren aus einer nicht unbedingt dem Bewusstsein zugänglichen Aktivität des Gehirns [14], die z.B. auch in Träumen wirksam ist. Gestik und Mimik sind in ihrer Gesamtheit individueller Ausdruck der Persönlichkeit und der momentanen Stimmung. Ebenso ganzheitlich, wie die Signale abgesandt werden, müssen sie auch verstanden werden. Mimik und Gestik sind nur aus ihrem Kontext heraus zu verstehen. Ob ein Weinen Ausdruck von Erleichterung oder Verzweiflung ist, wird nur aus weiteren Gesten, vergangenen Äußerungen und eventuell auch Worten zu schließen sein. Jedes Gespräch, ob verbal oder nonverbal, hat einen hohen Anteil an Gestik und Mimik, der ebenso unbewusst oder halbbewusst verstanden wird, wie er abgesandt wird. Das gegenseitige Verstehen dieser Bewegungen machen einen Teil der »Chemie einer Beziehung« aus, d.h.: Gestik und Mimik sind mitverantwortlich dafür, ob sich ein Mensch verstanden *fühlt*, unabhängig vom gesprochenen Wort.
Die Kommunikation über Mimik und Gestik ist entwicklungspsychologisch älter als die sprachliche Verständigung. Das persönliche Muster wird entwickelt in der frühen Beziehung zwischen dem Säugling und seiner Mutter und prägt die spätere Persönlichkeit mit ihren Beziehungen. Gestik und Mimik sind Kommunikationsmittel der Beziehung. Die Ausdrucksbewegungen des Gesichtes – lachen, weinen, lächeln, die Mimik der Verärgerung, der Überraschung, der Angst – sind zunächst universell verstehbar. Erst die erlernte, situationsabhängige Anwendung und Intensität dieser mimischen Bewegungen als Elemente komplexer Kommunikationsmuster machen sie zu einem persönlichen Ausdrucksmittel. Die Beobachtung, dass Gestik und Mimik von Sterbenden in der finalen Phase kindliche Züge erhalten können, die Gefühle basaler und ungesteuerter werden und wie in der frühkindlichen Phase Totalitätsqualitäten erhalten, lässt vermuten, dass die erlernten und persönlichkeitsprägenden Verhaltensweisen zurücktreten hinter persönlichkeitsentleerten Verhaltensweisen. Einem Begleiter wird das stereotyp erscheinende Verhalten erklärbar und schützt ihn davor, sich vom Sterbenden aus eigener Beziehungs-Enttäuschung heraus zurückzu-

ziehen, wenn er die Person in seiner Mimik nicht mehr wieder erkennen kann.
Mimik und Gestik geben Aufschluss über die momentane Stimmung. Sie ergänzen die gesprochenen Worte, sie machen das Gesprochene glaubwürdig, wenn sie mit ihnen in ihrer Aussage übereinstimmen. Sie können auch die alleinigen Übermittler von Gefühlen sein. Kommunikation über Mimik und Gestik verlangt ein hohes Maß an Authentizität, wenn sie verstanden werden soll. Kommunikation über Gefühle und Beziehung ist kaum ohne Gestik und Mimik denkbar.
Der Sterbebegleiter wird vor allem die Gesten, die Nähe, Anteilnahme und Schutz vermitteln, mehr oder weniger bewusst einsetzen: eine tröstende Hand, ein bergender Arm, ein nahes Gesicht, die Wärme des Körpers, auch und gerade bei Bewusstlosen. Vielleicht wird er auch weinen und Gesten und Mimik der Angst und Verzweiflung zeigen. An all diese Gesten ist auch die Frage von passender Nähe und Distanz geknüpft.

Rituale

Unter einem Ritual verstehe ich eine symbolische Handlung, eine Handlung ohne konkreten Alltagsnutzen, individuell für einen Einzelnen oder verständlich und verbindend für eine Gruppe, mit oder ohne religiösen Hintergrund. Sie spiegelt emotionales und / oder religiöses Empfinden, und ihr Erleben ist nur begrenzt durch eine sachliche Sprache wiederzugeben. Ein lebendiges Ritual ist Ausdruck einer komplexen emotionalen / religiösen Erlebniswelt und macht das innere Erleben äußerlich sichtbar und lebbar. Auch Rituale sind Ausdruck durch Körpersprache, sie sind Bewegungen im Raum, unter Einbeziehung von Gegenständen. Ein in unserem Kulturkreis weit verbreitetes Ritual ist das Anzünden einer Kerze, verbunden mit der Beobachtung der lebendigen Flamme, des hellen Lichtes und dem allmählichen Verschwinden des Kerzenkörpers. Neben vielen anderen Lebenssituationen wird eine Kerze gerne auch in der Sterbesituation, am Totenbett und am Grab angezündet. Man spricht sogar im Bild der Kerze, wenn man sagt, dass das Licht eines Menschen erlischt.
Die vielfältigen Sterbe- und Beerdigungsrituale der Kirchen sind vielen Älteren noch in Erinnerung, werden aber nur noch rudimentär in der säkularen Gesellschaft praktiziert und gelebt. Aber besonders die heute älteren Menschen haben ihre religiöse Einstellung verleiblicht und werden u.U. leicht erreichbar sein für entsprechende Rituale, z.B. das Kreuzzeichen. Generell kann gesagt werden, dass Sterben in unserer Gesellschaft auch deshalb so schwer geworden ist, weil sie an Sterberitualen verarmt ist und kaum mehr

allgemein verbindliche und verstandene symbolische Handlungen existieren.
Rituale sind sichtbarer Ausdruck einer Wertewelt, oft einer religiösen. Sie vermitteln Geborgenheit, Eingebettet-Sein, Hoffnung. Besonders die religiösen Rituale und Symbole bieten Sinnstiftung im Sterben an. Die Psychologie hat als Trostspender dagegen wenig zu bieten. Spezielle Rituale der Kirchen begleiten den Übergang vom Leben zum Tod: Die katholische Kirche kennt die Krankensalbung für den Kranken und Sterbenden und die Gedächtnisämter nach dem Tod, die evangelische Kirche die Aussegnung, die Segnung des Toten, wenn er das Haus verlässt, in beiden Kirchen gibt es die Beerdigungsfeiern. Alleine das Vorhandensein solcher Rituale zeugt von einem Aufgehobensein des Sterbenden in die Glaubensgemeinschaft über den Tod hinaus.
Ich erinnere auch an die alltäglichen Rituale der Kindheit, vielleicht beim Zubettgehen oder beim gemeinsamen Mittagessen. Häufiger erlebt man auch bei alten Menschen wieder die Wichtigkeit solcher Rituale. Sie machen das Leben in der Gemeinschaft verlässlicher, sie haben im Leben Struktur und Halt gegeben und werden es auch im Sterben tun. Rituale der Kindheit werden erinnert und erhalten neue Bedeutung, z.B. das Zugedeckt-Werden im Bett. Ritualisierte Handlungen entlasten den Sterbenden in dieser Situation gehäufter individueller Probleme, in dieser größtmöglichen individuellen Krise. Sie binden ihn ein in sein vergangenes Leben und in die Gruppe derer, die diese Rituale mit ihm geteilt haben – ohne die ihn belastenden Themen bereden zu müssen.

Die Körpersprache als sinnliches Leben in Beziehung bis zuletzt

Die nonverbale Kommunikation erfolgt über sinnliches Wahrnehmen: Hören, Sehen, Fühlen. Die Sinne stellen die Verbindung her zur Welt. In einer annehmenden Beziehung durch einen Begleiter, der sich mit seinen eigenen Verlust- und Todesängsten auseinander gesetzt hat, wird eine Öffnung des Sterbenden für die Welt, in der er bis zuletzt lebt, unterstützt. Ein Begleiter, der um die Abbauprozesse und die Bedrohung der Identität des Sterbenden weiß, wird den sinnlichen Kanal suchen, über den Kontakt möglich ist, und somit einer Selbst- und Fremdisolierung und einem vorzeitigen sozialen und seelischen Tod entgegenwirken. So wichtig die Sprache für die Klärung von Konflikten sein kann, so überflüssig oder gar störend kann sie in der letzten großen Lebenskrise werden. Im Sterben steht sie in der Endphase oft gar nicht zur Verfügung. Umso deutlicher tritt hervor, dass die Körpersprache die Sprache der Beziehung ist. Ebenso wie am Lebensanfang wird sie am Lebensende wieder zum wesentlichen Mittel des Dialogs. Durch sie erlebt der Sterbende über die sinnliche Wahrnehmung hinaus Annahme und Aufgehobensein, was der Bedrohung seiner Identität wesentlich entgegenwirkt und ihn auf seinem Weg, diese Welt zu verlassen, stärkt.

Anmerkungen

1. *Martin Dornes:* Der kompetente Säugling, Frankfurt 1997.
2. *Lotte Köhler:* Säugling und Kleinkind aus der Sicht der modernen Entwicklungsforschung, in: Wege zu Menschen (2/1996), Göttingen, S.54 ff.
3. *Hilarion Petzold:* Integrative Therapie – Der Gestaltansatz in der Begleitung und psychotherapeutischen Betreuung sterbender Menschen, in: *Ina Rösling und Hilarion Petzold (Hg.)* Die Begleitung Sterbender. Theorie und Praxis der Thanatotherapie, Paderborn 1992, S. 442.
4. *Philip G. Zimbardo:* Psychologie, Berlin, Heidelberg 1995, S. 386.
5. *Elisabeth Kübler-Ross:* Verstehen was Sterbende sagen wollen, Einführung in ihre symbolische Sprache, Stuttgart 1982.
6. Kübler-Ross, S. 59.
7. *Ursula Viktoria Wisiak:* Psychologische Aspekte der verbalen und nonverbalen Kommunikation mit Schwerkranken und Sterbenden, in: *Paul Becker und Volker Eid (Hg.):* Begleitung von Schwerkranken und Sterbenden, Mainz 1984, S. 101.
8. *Angelika Berger:* Weg durch den Regenbogen. Bilder meiner Krankheit, Freising 1998.
9. *Paul Becker:* Ärztliche Erfahrungen mit Schwerkranken und Sterbenden, in: *Paul Becker und Volker Eid (Hg.):* Begleitung von Schwerkranken und Sterbenden, Mainz 1984, S. 69f.
10. *Anne-Marie und Reinhard Tausch:* Sanftes Sterben, Reinbek bei Hamburg 1992.
11. *Petzold,* 1992, S. 466.
12. *Isabelle Frohne:* Musiktherapie als Form kreativer Therapie, in: *Hilarion Petzold u.a.:* Poesie- und Musiktherapie, Paderborn 1983, S. 75.
13. *Hilarion Petzold:* Poesie und Bibliotherapie mit alten Menschen und Sterbenden in: *Hilarion Petzold u.a.:* Poesie- und Musiktherapie, Paderborn 1983, S. 53ff.
14. *Sammy Molcho*: Körpersprache als Dialog, München 1988, S. 14.

Märchen als Begleiter auf dem letzten Weg

Hubert Böke

In ihrer Wohnung hängt ein Schwanenbild. Schwäne faszinieren Frau C. seit ihrer Kindheit. Schöne, stolze Tiere, an Land haben sie einen plumpen Gang, auf dem Wasser aber sind sie Königinnen, so beschreibt Frau C. die großen Vögel.

Ich ahne, dass ihre Schwanenliebe mit ihrer eigenen Lebensgeschichte zu tun hat. Sie ist eine kräftige, mütterliche Frau. Drei Kinder hat sie praktisch allein großgezogen. Ihr Mann hatte ihr die Erziehung überlassen. Später hat er sich ganz davongestohlen. Frau C. hat wirklich ihre Frau stehen müssen. Ihre Seele hat tiefe Wunden davongetragen. Wenn sie sich an ihren früheren Mann erinnert, kocht sie noch immer vor Zorn. Ihr Herz hängt vor allem an ihrem jüngsten Sohn. Die Tochter hat es nicht leicht, ihre Anerkennung zu finden. Der Älteste wohnt weit entfernt.

Frau C. ist an Krebs erkrankt, die Metastasen haben sich schon an vielen Stellen im Körper festgesetzt. Die engagierte Hausärztin macht ihr nichts vor. Eine kurative Therapie hat keine Chancen mehr. Mit aller Macht hält Frau C. an ihrem »zu Hause« fest. Es ist ihre erste eigene Wohnung, seit ihr Mann sie verlassen hatte: »Hier geh ich nur mit den Füßen zuerst raus!«. – Es wurde mit den Wochen zusehends schwerer. Schmerzen quälten sie, ein Sturz mit Steißbeinbruch kamen dazu. Die am Ort wohnenden Kinder kümmerten sich um die Mutter, versorgten sie mit dem Nötigsten, klärten anstehende Angelegenheiten, – aber sie hielten es nie lange bei der Mutter aus. Die Schwestern des Pflegedienstes und die Hausärztin taten viel dafür, dass es irgendwie »ging« – zu Hause.

»Komms'te über'n Hund, komms'te auch über'n Schwanz« , sagte sie oft, aber des Nachts – mutterseelenallein – holte sie die Angst ein, Schatten huschten durch das Zimmer – sie ließ immer eine Lampe brennen. Sie hatte eine unglaubliche Zähigkeit, vielleicht die Kraft, mit der sie schon so vieles in ihrem Leben überlebt hatte.

Meine vorsichtigen Versuche, von einem stationären Hospiz zu reden, hat sie »dankend«, aber bestimmt abgelehnt. »Komms'te über'n Hund ...«: Den ihr eigenen Humor hat sie selbst in den schwärzesten Tagen nicht verloren. Manches Mal hatte sie auch dieses liebenswerte Lächeln, das sie ganz weich machte.

Und dann wieder die Schwäne. Wie schön und stolz sie auf dem Wasser schwimmen: »Und ich kann mich nicht mal mehr auf die Bettkante setzen!« Plumper Landgang. So empfand sie ihr ganzes Leben. Wir sprechen viel über ihr Leben und innerlich habe ich manches Mal auch meinen Hut vor ihr gezogen. »Aus nichts was zaubern«, das musste sie oft. Eine Frau mit Herz und nicht auf den Mund gefallen. Auf ihre Weise hat sie wirklich ihre Frau gestanden, hatte Grund, auf ihr Leben auch stolz zu sein. – Es tat ihr gut, das zu hören, aber nicht zu viel davon!
Und die Schwäne? Königinnen auf dem Wasser! Aber dazu mussten sie das Land verlassen. Frau C. hat das nie gewollt. Vielleicht musste sie deshalb – auch in der Zeit, als es eigentlich schon längst nicht mehr ging – an ihrem »zu Hause«, an ihrem »Nest« festhalten. Zugleich wurde ihr bewusster, dass ihr nicht mehr viel Zeit blieb. Darüber konnte sie immer wieder einmal ganz offen reden.
Ich habe viel über sie nachgedacht. Irgendwann habe ich mich hingesetzt und ihr ein Märchen geschrieben:

Schwanengesang

Im Schwanennest droben auf dem Hügel der Insel, mitten im großen See, wachsen wie alle Jahre die jungen Schwäne heran. Je älter sie werden, desto größer wird das Spektakel im Nest. Wie alle Schwanenjunge vor ihnen erproben sie ihre Kräfte aneinander – vor allem wenn die Schwaneneltern kommen, sie zu füttern. Die großen Schwanenjungen zanken ihre kleine Schwester. Manchen Federflaum muss sie lassen, und sie lernt sich wegzuducken unter den Schnabelhieben ihrer hungrigen Geschwister.
Bald wird es zu eng im Nest. Die Schwanenmutter lockt ihre Jungen zum ersten Ausflug. Der kleine Schwan bleibt im Nest.
Seine Geschwister machen immer weitere Ausflüge über die Insel, die Kleine aber schaut ängstlich über den Nestrand und verfolgt ihre Abenteuer mit den Augen.
Der Tag kommt und die jungen Schwäne gleiten in die Wasser des großen Sees. Bald schwimmen sie wie kleine Prinzen über die Wellen, schön sind sie anzusehen, stolz schwellen sie ihr kindliches Gefieder.
Die Schwanenmutter kommt zurück zum Nest und ruft ihr Jüngstes. Doch traut es sich nicht über den Nestrand hinaus.
So vergeht die Zeit – und das Letzte der Schwanenjungen wird größer und größer. Das Nest wird ihm zu klein. Es bleibt ihm nichts anderes, als endlich sein Nest zu verlassen. Ängstlich und voller Vorsicht entdeckt es die Insel. Zum Wasser traut es sich nicht. Tief in ihm sitzt die Furcht, dass es nicht

schwimmen kann. Zu viele Federn haben ihm seine Geschwister gerupft. Im plumpen Landgang der Schwäne schwankt das Junge über die Insel, zupft hier ein Gras und da einen Halm.
Weit draußen auf dem See schwimmen seine Geschwister. Immer wieder lockt der Ruf der Mutter. Einmal traut es sich bis zum Wasser, streckt die Spitzen seiner Schwimmfüße hinein und findet das Wasser zu nass und gefährlich.
Die kalte Jahreszeit kommt und mit ihr kommen auch die anderen Schwäne zurück zur Insel; um zu ruhen und sich unter den Büschen zu schützen vor den eisigen Winden. Wieder zanken seine Geschwister den jungen Schwan. Sie treiben ihn fort von den windgeschützten Plätzen. Das Schwanenjunge friert gewaltig und sein Leben ist ihm elend und leid.
Als die Sonne ihre Kraft zurückgewinnt, wird es wieder still auf der Insel. Die anderen Schwäne hält es nicht mehr an Land, und die Insel wird dem kleinen Schwan wieder zum großen Nest.
Mit den wärmenden Sonnenstrahlen jedoch kommen die Fluten des schmelzenden Schnees von den Bergen. Hoch steigt das Wasser des Sees und überflutet bald die Ufer der Insel. Himmelangst wird's dem Schwanenkind. Auf den höchsten Hügel zieht es sich zurück, dorthin wo das Nest letzten Schutz bietet.
Mit der Schneeschmelze aber kommen die Frühjahrsstürme und treiben die Wasser vor sich her. Sie erreichen das Schwanennest, heben es auf und werfen es hinaus auf's offene Wasser.
Da duckt der kleine Schwan sich in sein Nest und hat seine liebe Not, dass ihn das Auf und Ab der Wogen nicht hinauswirft ins Wasser. Es kommt, wie es kommen muss. Eine große Welle überspült das Nest und den Schwan. Zum Gott erbarmen, schreit er, schluckt kaltes Wasser, schlägt mit nassen Flügeln. Ihm ist, als wollten alle Fluten ihn verschlingen.
Mitten im Sturm ist seine Mutter bei ihm, stupst ihr Schwanenjunges und singt das uralte Schwanenmutterlied:
»Komm, kleiner Schwan, komm!
Das Nest ist zu klein.
Schwimm, junger Schwan, schwimm!
Spring ins Wasser hinein.
Sing, schöner Schwan, sing!
Das Leben ist dein.«
Die Fluten verschlingen den jungen Schwan nicht. Hoch tragen die Wasser ihn auf Wellenkämme hinauf, und stürzt er hinab ins Wellental, tragen die Wasser ihn doch. Sturm braust ihm durchs Gefieder und bläst ihm die Angst aus dem Herzen. Da überkommt den Schwan unbändige Kraft und Lust, das Spiel der Wellen mitzuspielen.

Überrascht schauen die Schwanengeschwister hinter ihm her. Ist das die tollpatschige, ängstliche Schwester, die sich nicht traut?
Die Seele des jungen Schwans – so viele Wunden sie schon trägt – wird groß und weit. Der kleine ängstliche Schwan verwandelt sich in eine schöne Schwanenfrau. Sturm und Fluten haben ihr Schwanenherz stark gemacht.
Das Nest aber haben die Wogen zerschlagen und morsches Holz vor sich her an die Ufer getrieben.
Aus dem ängstlichen, starken Herzen der Schwanenfrau steigt ein Lied herauf – ihr Schwanengesang.

Eine Kindheitsgeschichte von Geborgenheit und Wärme

»Ich habe es für Sie geschrieben.« Ich schenke ihr das Märchen und eine Halskette mit einem Schwanenanhänger dazu.
Frau C. hat aufmerksam zugehört. Ich bin sicher, dass sie – ganz intuitiv – das Gleichnis des Märchens verstanden hat. Aber es waren Schritte zu weit im Voraus. Ihre Krankheit hatte sie gezwungen, mit den Zehen das kalte Wasser zu spüren, doch all ihre verbliebene Kraft zog sie zum »Nest« zurück.
So erzählte sie *ihr* Bild, ihr »Märchen«: eine Kindergeschichte von Geborgenheit und Wärme – von all dem, was sie im Erwachsenenleben nicht mehr gefunden hat.
In ihrem Erzählen, in ihrem heilsamen Erinnern ist sie ihrer frühen Nestwärme noch einmal begegnet.
Frau C. erzählt mir – nach dem Lesen von Schwanengesang – von ihrer Tante, von Tante Hedwig und ihrem Haus hinter dem Weichseldamm. Sie waren oft am Sonntag aus Danzig zur Tante gefahren. Ihr Haus auf dem Land war klein und strohbedeckt. Malven wuchsen im Sommer vor den Mauern des Hauses. Es duftete schon nach warmem Pflaumenkuchen. An den Geruch erinnert sie sich heute noch. Ein Haus hinter dem Deich, geschützt, warm. Später stiegen die Kinder über den Deich und schwammen an den Ufern der Weichsel. Draußen, auf dem Wasser, schwammen die Schwäne, diese stolzen, schönen Vögel ihrer Kindheit.
Tante Hedwigs Haus hinter dem Deich, die Schwäne draußen auf dem großen Fluss.
Wenn wir beide einmal über den »Hundeschwanz« gesprungen sein würden – »Ich bin zuerst dran!«, klagt Frau C. lachend –, dann wollten wir uns dort einmal treffen – an der Weichsel, beim strohbedeckten Haus der Tante – und gemeinsam Pflaumenkuchen essen.

Es kam, wie es Schwanengesang vorausgeahnt hatte. Die »große Flut« brach über sie herein. Als die Hausärztin in Urlaub war, wurde ihr Zustand unerträglich. Der vertretende Arzt, die überforderte Familie und auch der Pflegedienst entschieden, dass sie nicht mehr zu Hause bleiben könne.
Eine 24-Stunden-Wache und die notwendige intensive medizinische Unterstützung konnte nicht mehr zu Wege gebracht werden. Frau C. wurde ins örtliche Krankenhaus eingewiesen. Was sie mit aller Kraft hatte vermeiden wollen, war nun doch über sie gekommen. Sie musste ihr »Nest« verlassen.
Am Tag zuvor hatte ich sie besucht. In diesen Stunden war sie manchmal schon sehr weit weg. Dann wieder war sie für eine Zeit wach. Wir hatten zuvor religiöse Themen nur gestreift, deshalb war ich umso berührter von ihren Worten. Sie sagt sie mehrmals an diesem Nachmittag: »Gott kommt ... Gott kommt.« – Auch im Krankenhaus, als ich bei ihr war, sagte sie es noch einige Male: »Gott kommt.«
Es war kein leichter Tod. Auch die Ärzte im Krankenhaus brachten ihre Schmerzen nicht unter Kontrolle. Die »große Flut« kam, um sie zu holen. Von allein hat sie den Sprung ins Wasser nicht geschafft.
Ich habe später oft an sie gedacht. Geblieben ist mir ihr so liebenswertes Lächeln; geblieben ist mir die »Sache mit dem Hundeschwanz« und ihre Art, »tapfer« zu sein. Ich fahre des öfteren mit dem Fahrrad an ihrem Haus vorbei. Die Schwäne und Tante Hedwigs Haus hinter dem Deich kommen mir immer in den Sinn.
Damals und auch heute noch frage ich mich, ob »Schwanengesang« nicht zu sehr mein Bild war, mein Märchen für sie. Wie auch immer – meine »märchenhafte« Weise, mich mit ihrer Geschichte auseinander zu setzen, hat dazu geführt, dass sie ihr eigenes«Kindermärchen«, ihre Erinnerung an Geborgenheit und Wärme – und den Duft von Pflaumenkuchen – wieder gefunden hat: »Komisch. Daran habe ich schon viele Jahre nicht mehr gedacht.« Ihre Erinnerung war ein Gegenbild zum »Spring, junger Schwan, spring« und der Zumutung des Märchens. Aber auch in Tante Hedwigs Welt waren die Schwäne da – hinter dem Deich, draußen auf den Wassern der Weichsel. Dort sind sie ihr begegnet, dem Kind, das sie lieben lernte.
»Schwanengesang« hat ihre Kindheitserinnerung »provoziert«.
Den Schwanenanhänger hat Frau C. mit der Kette aufgehangen an der Wand über ihrem Bett. Da war er ihr immer vor Augen. Von sich aus hat sie über die Schwäne nicht mehr gesprochen. Aber in der großen Flut, die sie auf sich zukommen spürte, war nicht nur ihre große Angst. Wenn »Gott kommt«, dann – so hat sie es in diesen Tagen und Stunden erlebt – kommt er mit unabwendbarer Macht. Doch habe ich in ihrem »Gott kommt« auch Trost und Klarheit gespürt. Kann ich selbst den Schritt nicht tun, kommt Gott

mir entgegen. Ich hoffe, Gott war bei ihr wie eine Schwanenmutter, die an der Seite ihrer Kinder ist, wenn die Not am größten ist.
Im Krankenhaus habe ich Frau C. noch einmal angesprochen auf Tante Hedwig und ihr Haus hinter dem Deich. Unsere Verabredung: »Ich weiß ... der Pflaumenkuchen.« In diesen Stunden hatte sie keinen Grund mehr zu lachen, aber da war es noch einmal: ihr verschmitztes, liebenswertes Lächeln.

Trauerbegleiter Märchen

In der Zwischenzeit sind Monate vergangen seit ihrem Tod. Immer wieder einmal steigt in mir eine Erinnerung auf. Auch die Bilder von »Schwanengesang« und ihrer eigenen Geschichte von Wärme und Geborgenheit kommen mir öfters in den Sinn, arbeiten noch immer in mir weiter. Irgendwann habe ich mich ganz ungeplant an einem freien Abend hingesetzt und das Märchen weiter geschrieben. Es war für mich eine gute Form, mir noch einmal intensiv Zeit zu lassen, zu erinnern, Abschied zu nehmen. Jede Begleitung braucht nach dem Tod des Begleiteten ihr eigenes Maß und ihre eigene Art an Trauerarbeit. Mein eigener Abschied, der Teil meiner Trauer und Erleichterung, hat wieder »märchenhafte« Form gefunden. So wie »Schwanengesang« mich begleitet hatte in der Begleitung des Sterbens von Frau C., so hat mich dann auch der Nachtrag des Märchens in meinem Anteil an Trauer begleitet.
In Gedanken habe ich die beiden Bilder – das Haus hinter dem Deich und die Schwäne draußen auf dem Wasser – verknüpft und das Märchen weiter geschrieben. Mir kamen dabei die Schwanenjungfrauen aus der Mythologie unserer Vorfahren in den Sinn. Sie waren Schwäne und konnten in besonderen Augenblicken ihre Schwanengefieder abstreifen, um für eine begrenzte Zeit Menschenfrauen zu sein.
Das ist mein »Versuch«:

Schwanengesang – ein Nachtrag

Als die große Flut ihre wild aufschäumenden Wasser verströmt hatte, wurde es wieder still auf dem Schwanensee. Die großen Vögel putzten ihre zerzausten Gefieder und schwammen wie stolze Königinnen über ihren See. Unsre Schwanenprinzessin – als nun all ihre Prüfungen bestanden waren und sie zu ihrer Bestimmung gefunden hatte – träumte einen Traum. Er stieg auf aus einer Zeit, als sie noch ein Menschenkind gewesen sein mochte. Sie träumt sich als Mädchen, das voller Vorfreude mit roten Wangen mit dem Zug den großen Fluss hinauffährt – zum Haus ihrer geliebten Tante.

Da steht es, das strohgedeckte Haus, wie aus der Erde gewachsen, hinter dem Deich. Sie riecht wieder den Duft frisch gebackenen Pflaumenkuchens und spürt die guten, starken Arme, in die ihre Tante sie schließt.
Es sind die schönen Sommersonntage, die sie dort verbringt mit ihren Cousinen. Nach allem Spiel und Kuchenschmausen geht es hinauf auf den Deich und hinab an die sandigen Ufer der Weichsel. Mit großem Hallo plantschen die Kinder in den seichten Ufergewässern. Und wenn die Erwachsenen nicht schauen, trauen sie sich auch schon einmal tiefer ins Wasser hinaus.
Dort draußen schwimmen die großen, stolzen Schwäne. Und wenn das Kind sie betrachtet, ganz versunken in ihre Schönheit, ist da tief in ihrem Herzen eine seltsame Ahnung, als sei es selbst eine der weißen Schwanenfrauen.
So weiß eine Menschenfrau manches Mal nicht zu sagen, ob sie ein Mensch sei oder ein Schwan. Ein Schwan aber träumt zu Zeiten den Traum einer Menschenfrau und weiß nicht , ob er träumt oder wacht.

Was wird Frau C. zu dieser »Fortsetzung« ihres Märchens sagen? – Zunächst ist es ja mein Teil an »Trauerarbeit«. Doch werde ich sie danach fragen – wenn wir uns eines Tages dort treffen, bei Tante Hedwigs Haus hinter dem Deich, und gemeinsam frisch gebackenen Pflaumenkuchen verspeisen.

Märchen sehen anders

Märchen als Begleiter auf dem letzten Weg – zunächst war »Schwanengesang« mein Begleiter. Es ist mit meiner Feder geschrieben; in einer Zeit, als ich meinte, Frau C. Mut machen zu sollen. Vielleicht war auch Ungeduld eine Quelle ? – Wie immer, das Bild des Schwanenjungen und seiner Angst, sich den »großen Wassern« anzuvertrauen, hat mich berührt, hat mir eine innere Vorstellung, eine Ahnung davon gegeben, was in Frau C. sich zugetragen haben mag. Ja – ich denke, so wie es dem Schwanenmädchen ergangen ist, so erging es Frau C. –, und offenbar erahnte mein Märchen auch das »Ende ihres Weges«.
Meine Erfahrung ist es, dass das »Märchenschreiben« tiefere und klarere Bilder schenkt als mein Kopf, mein Nach-Denken allein. Märchen öffnen die intuitiven Tore.
Wagen Sie selbst einmal den Versuch, ein Märchen zu schreiben, – ein Märchen für den Menschen, den sie begleiten?
Nehmen Sie sich Zeit, sorgen Sie dafür, dass Sie nicht gestört werden. Wenn es hilfreich ist, lassen Sie eine ruhige, fließende Musik im Hintergrund spielen. Vielleicht hilft zur inneren Sammlung auch eine Tasse guten Tees oder der Duft einer Kräuterschale.

Gehen Sie mit dem Menschen, den Sie begleiten, in einen inneren Kontakt. Lassen Sie ihn Ihren Gedanken und Gefühlen nahe sein. Erinnern Sie Ihre Begegnungen und Gespräche. Erspüren Sie ein »Bild«, eine »Gestalt«, um die herum Sie jetzt Ihr Märchen ranken können.
Vielleicht beginnen Sie auch, wenn Sie vor dem leeren Blatt sitzen, ganz einfach zu schreiben, lassen kommen, was kommen will – auch wenn Sie keine Ahnung haben, wohin das Ganze führen soll. Märchen schreiben sich nicht im Kopf, werden nicht gedanklich konstruiert. Märchen schreibt das Herz, der Bauch, sie kommen aus dem Unbewussten. Im Grunde brauchen Sie nur eines zu tun: sich diesen tiefen inneren Quellen anzuvertrauen.
Wie immer Sie ins Schreiben hinein kommen, setzen Sie sich nicht unter den Anspruch, druckreife Literatur zu verfassen.
Es mag auch sein, dass Ihnen ein anderer Weg näher ist: das Malen eines Bildes, das Spielen einer eigenen Melodie, ein Gedicht. Jeder Mensch hat seine eigenen Tore zur Intuition.
Allemal konzentrieren Sie sich in dieser ausgesparten Zeit ganz auf den Menschen, den Sie begleiten, spüren ihm nach und dem, was in Ihnen aufsteigen will an Bildern und Empfindungen. Allein dieses intensive Nachspüren wird in Ihren Begegnungen weiterwirken. Ihr so gefundenes »Bild«- das Märchen, das Gedicht, die Melodie – vielleicht ist es auch ein Traum – wird Ihre Begegnungen begleiten. Das »Bild« wird sich im Laufe der Zeit verändern, Sie werden daran weiterarbeiten. Es werden sich neue Seiten auftun. Schauen Sie deshalb immer wieder einmal das Märchen an, »sprechen« Sie mit seinen Gestalten.
Vielleicht werden auch Sie Ihr Märchen weiterschreiben, wenn die Zeit gekommen ist, Ihren Anteil an Trauerarbeit zu leisten.
Lange noch werden Sie die Bilder und Gestalten des Märchens begleiten und eine Brücke der Erinnerung sein.
Ein Zweites ist die Entscheidung, das Märchen dem Begleiteten zu schenken. Das bleibt wiederum Ihrer Intuition belassen, auch dem Gefühl für den guten Zeitpunkt. Entscheiden Sie sich für das Verschenken, dann geben Sie Ihrem Vorlesen (oder Erzählen) einen Geschenkcharakter. Sie überreichen ein sehr persönliches Geschenk!
Kommt Ihr Geschenk aus dem Herzen (und dem Bauch) – und nicht zuerst aus dem Kopf –, wird es wirken.
Vielleicht stellen Sie sich vor Ihrer Entscheidung die Frage, wo Sie selbst im Märchen vorkommen – in welcher Gestalt, Rolle oder Stimmung. Das wird etwas über Ihre Beziehung sagen und die Rolle, in der Sie selbst sich sehen.
Ich erinnere mich, dass mein Bauch flatterte, als ich das Lied der Schwanenmutter vorlas: »Komm, kleiner Schwan ...«. Hier schlug mein Herz vor al-

lem. Ich wollte den Mut wecken, den letzten Schritt zu wagen. Zugleich aber spürte ich die Gratwanderung dieser Zumutung. Ich spürte, dass diese Worte in meinem Mund zu »groß« waren.
Sie sollten gesagt werden – das war meine starke Empfindung. Im Grunde aber hatte ich das Gefühl, diese Worte seien der Schwanenmutter, der »göttlichen Mutter« vorbehalten. Ein Mensch vermag die Rolle der Schwanenmutter nicht auszufüllen. Schon gar nicht vermag er die Verheißung dieses uralten Liedes einzulösen. Die Angehörigen und auch der Begleiter sind im Augenblick der höchsten Not längst in den Hintergrund getreten.
Beim Aufschreiben dieser Zeilen spüre ich, wie sehr diese Gedanken Anlass geben können zum Missverstehen. Vielleicht aber machen auch Sie die Erfahrung, dass im Aufschreiben des Märchens aus dem Unbewussten Bilder und Sätze aufsteigen, die nicht die »Eigenen« sind, die aus einer viel tieferen Weisheit zu Ihnen kommen, die erzählt und verschenkt werden wollen.

Der Anfang: das eigene Märchen finden

Bevor Sie für andere schreiben, sollten Sie ein Märchen für sich selbst schreiben, – vielleicht unter einer Überschrift wie dieser: »Als ich meinem Tod begegnete« oder »Meine Wanderung zur letzten Grenze und wieder mitten ins Leben zurück«.
Wenn Sie Ihr Märchen geschrieben und dabei Ihren ureigensten Bildern vom Leben und Tod nachgespürt haben, lesen Sie es noch einmal und legen es für eine Weile an einen »guten« und geschützten Ort. Irgendwann nehmen sie es wieder in die Hände, lesen es noch einmal und »spazieren« durch Ihre Märchenlandschaft, schauen sich die Gestalten Ihres Märchens an, kommen mit ihnen ins »Gespräch«. Sie werden Ihnen zu Vertrauten werden. Sie werden immer wieder staunen über den Reichtum Ihrer inneren Bilderwelt. Ihr Märchen wird Ihnen viel »verraten« über Ihre tiefste Einstellung zu Leben und Tod.
Gut ist es auch, wenn Sie spüren, dass es »dran« ist, Ihr Märchen einem vertrauten Menschen vorzulesen.

Die Lebenssituation pflegender Angehöriger und Möglichkeiten zur Entlastung

Michael Spohr und Beate Krieger-Spohr

Die Lebenssituation pflegender Angehöriger

Pflege ist »weiblich«, d.h. dass immer noch (und wohl auch in Zukunft) der überwiegende Teil der häuslichen *Pflegeleistungen von Frauen* erbracht wird. Ehefrauen, die ihre Männer pflegen, Töchter und Schwiegertöchter, die ihre (Schwieger-)Eltern pflegen, Mütter, die ihre Kinder pflegen ... Die Erwartungshaltungen gehen auch immer noch dahin, dass Frauen im Falle einer eintretenden Pflegesituation ihre berufliche Einbindung oder ihre Ambitionen aufgeben, weil »Wichtigeres« ansteht. In der ersten Zeit, z.B. einer zunehmenden Pflege der eigenen Eltern (d.h. Waschen, Einkauf, Haushalt ...), wird dann versucht, allen gerecht zu werden, wobei schnell deutlich wird, dass die auf-Distanz-Pflegenden sich selbst und ihren Bedürfnissen nicht gerecht werden, diese zurückzustellen bereit sind.

Je dichter die Pflege wird, umso deutlicher wird der Abschied von der Normalität erlebt, eine permanente Anforderung in physischer und psychischer Weise tritt ein, eine zunehmende *soziale Isolierung*, manchmal auch ein Rückzug ist zu verzeichnen. Der Verlust von Freunden und wichtigen Personen im nahen Umfeld ist nicht automatisch der Fall, und dennoch eine bittere Erfahrung, die zu einem Gefühl von Allein-Gelassen-Sein führt, welches innerlich hart werden lässt. Diese Härte, die manchen Pflegenden eigen ist, kann also als »Schutzpanzer« gegen Enttäuschungen gedeutet werden.

Pflegende merken die vielfältigen Belastungen oft recht spät, haben den Mangel an persönlichem Freiraum, den Schlafmangel, die ganze »*rund-um-die-Uhr-Belastung*« eine Weile gut managen können, bis sie an der eigenen Gereiztheit, an verstärkten körperlichen Symptomatiken oder aber an Erschöpfung und Unlust merken, dass sie sich Unterstützung suchen müssen. Aber das kostet ja auch wieder Kraft ...

Eine starke Störung der *emotionalen Beziehung* zum Pflegebedürftigen (z.B. bei Verwirrung und Demenz) ist oft die größte der Belastungen und führt zu Perspektivlosigkeit und depressiver Verstimmung, nicht selten auch zu Schuldgefühlen, insbesondere dann, wenn die Enge der Beziehung ein ent-

spanntes Miteinander unmöglich macht, keine Distanzierung mehr möglich ist und mehr oder weniger starke Aggressionen wachsen.
Nicht verschwiegen werden sollen auch *finanzielle Probleme*, die mit der Pflegesituation einhergehen können. Wenn jüngere Frauen z.B. wegen der Pflege des Partners ihre Arbeit aufgeben müssen, kann dies ein wesentlicher Belastungsfaktor werden, neben der Tatsache, dass die Aufgabe der Arbeit auch die Möglichkeit des »Etwas-anders-erleben« einschränkt.
Wir haben einen ersten Blick auf die Situation Pflegender genommen, der im Folgenden anhand von Themen vertieft werden soll, die einzelne Aspekte näher beleuchten.

Freiheit und Verantwortung

Pflegesituationen aktualisieren und modifizieren lebenslang gewachsene Formen der Kommunikation und Interaktion, denn *Rollenverhältnisse* werden zwangsläufig neu definiert und womöglich umgekehrt, gegenseitige Macht- und Einflussnahme wird neu geordnet, bisherige Unterstützungsverhältnisse werden möglicherweise umgekehrt (auch unter Ehepartnern). In gesunden Tagen sind die Eltern-Kind-Verhältnisse gewachsen, hat sich das Ehe- und Partnerschaftsverhältnis gebildet. War es ein eher statisches oder flexibles Verhältnis, konnten also Rollen und Aufgaben wechseln oder nicht? Blieb das Verhältnis zu den Eltern seit der Jugendzeit bestehen oder gab es ein erwachsenes Miteinander? War der nun pflegebedürftige Mann immer der Starke, der »Macher«, oder gab es schon immer eine Möglichkeit, dass die nun pflegende Frau selbstständig handelte?
Wenn das Verhältnis eher statisch war, so wird der Wandel durch die zunehmende Pflege als Bedrohung der bisher geltenden Ordnung erlebt. Dabei auftretende Widerstände beim Pflegenden gegen die wachsende Anforderung und beim zu Pflegenden gegen die zunehmende Notwendigkeit von Pflege sind da etwas ganz Natürliches und dienen dem Erhalt des Bisherigen, was angesichts der teils schon einschneidend erlebten und teils vorweg geahnten Veränderungen kein Wunder ist. Auch dies ist ein Teil des »ganz normalen Chaos der Pflege«.
Die *Verantwortung* für den/die zu Pflegenden *wächst meist langsam* an (Ausnahmen sind sehr plötzliche Erkrankungen wie Schlaganfall, schweres Krebsleiden ...), z.B. wenn der allein lebende Vater nach dem Tod der Mutter, zunächst eine »Pflege auf Distanz«, meist durch Gewährleistung von hauswirtschaftlichen und finanztechnischen Hilfen braucht. Diese können sich allerdings schnell in stärkere Besorgnisse verwandeln (»Hoffentlich hat er auch den Herd ausgemacht!«) und den Grad der Verantwortlichkeit fürs

Wohlergehen des zu Pflegenden drastisch erhöhen. Mit der Pflege im eigenen Haushalt verschärfen sich die Probleme der dauerhaften Verantwortung, insbesondere bei Verwirrtheitszuständen des zu Pflegenden so weit, dass kaum mehr ein Freiraum zur Verfügung zu stehen scheint, eine deutliche *All- und Überverantwortlichkeit* Raum greift, die zu einem Erleben von »Gefangenschaft« und zu gegenseitigen »Belagerungszuständen« führen kann.

In allen Intensitäten der Pflege stellt sich die Frage nach der angemessenen Verantwortung und der angemessenen Freiheit, die zu gewähren bzw. sich und dem Pflegebedürftigen einzuräumen ist. Wie dreckig darf ein Haushalt sein? Wie streng muss ich die Medikamentengabe überwachen? Welche finanziellen Spielräume darf ich lassen, zumal, wenn dies ein Anlass zu Verdächtigungen ist? Wie sehr muss ich auf die Benutzung von Gehhilfen bestehen? Darf ich den Wunsch danach, sich selbst intim waschen und pflegen zu wollen, respektieren? ... Die auftauchenden Fragen sind »Legion« und sie drehen sich immer wieder um die Verantwortung und die Freiheit, schärfen diese »philosophischen Fragen« in einer Konkretheit zu, die oft nur der Konkretheit vieler Elternfragen bzgl. der Erziehung »schwieriger« Kinder ähnelt.

Die *Verantwortung der Pflegenden für sich*, ihre Kraft und ihre Grenzen, für das Wohlbefinden und -ergehen ihrer Familie, ihres Partners kommt oft erst ins Blickfeld, wenn dort schon erste ernsthafte gesundheitliche oder Beziehungsprobleme aufgetaucht sind. Auch hier ist ein gerüttelt Maß an gemeinsamer Verantwortung, welche nur in einem guten Austausch mit z.B. dem Ehepartner, der »Mit-Pflegender« ist, über die Dauer der Pflege hinweg gemeinsam getragen werden kann. Der Partner kann schon früher erkennen, wo die Pflegende sich »übernimmt« und deutlich auf Entlastung durch z.B. einen gemeinsamen Urlaub dringen.

Umgang mit Leiden, langem Sterben und Besorgnisarbeit

Gibt es überhaupt so etwas wie *»antizipatorische Trauer«*, also eine Trauer, die vor dem Tod einsetzt und den kommenden Abschied in verschiedenen Dimensionen vorwegnimmt, eine Trauer, die Verena Kast »Besorgnisarbeit«[1] nennt? – Die Erfahrungen in Gesprächskreisen Pflegender Angehöriger, aber auch in der Hospizarbeit zeigen, dass es diese Vorweg-Trauer tatsächlich gibt, dass in vertrauter Umgebung der »Panzer der Dauerstärke«, den viele Pflegende anlegen, zumindest zeitweise abgelegt werden

kann. Insbesondere dann, wenn eine andere Pflegende vom (nahenden) Verlust erzählt, ist spürbar, dass auch vorweg getrauert werden kann und muss. Das *Miterleben des Leidens* führt hingegen nicht selten in ein selbst leidendes und mitleidendes Grundgefühl, welches sich dann in hoher Sensibilität für den/die zu Pflegende/n einerseits und für sich selbst andererseits ausdrückt. In zugespitzten Pflegesituationen, insbesondere, wenn es auf das Sterben zugeht, kann das Leiden alles bestimmend werden, wird der Tod dann zunächst als »Erlösung« erlebt. Wenn starke Schmerzen die Pflege und das Sterben begleiten und auf Seiten des Betroffenen jedes Leben und Erleben »eng« machen, werden die Pflegenden oft ähnlich »dünnhäutig«, erleben das Mitleiden als existenzielle Anfrage an das eigene Leben. Sie sind es dann, die an Sterbehilfe denken und sie sich als Möglichkeit wünschen, wenn sie mit ihren Ängsten allein und in ihrer Ohnmacht hilflos sind.
Erfahrungsgemäß hilft ein Sprechen über diese Ohnmacht und ein entlastendes *Mit-Aushalten*, z.B. durch eine Hospizmitarbeiterin über diese Wünsche hinweg, kann der letzte Teil des Lebens, das Sterben, auch von den Angehörigen angenommen werden. Voraussetzung ist allerdings, dass eine gute palliativ-medizinische und palliativ-pflegerische Versorgung gewährleistet ist, was leider nicht überall der Fall ist. Einerseits bedeutet Leiden mittragen, eine tiefe Erfahrung der Nähe zu machen, es wirft allerdings auch die Frage auf, was wir noch wirklich miteinander teilen können, die wir evtl. ein ganzes Leben miteinander verbracht und geteilt haben. Das Gefühl des sich-Entfremdens und des einen-anderen-Weg-gehen wird von Pflegenden oft erst im Nachhinein so benannt, und doch ist es ein Teil der Erfahrung der Pflege, nicht nur bei Demenzerkrankten. Trotz der oft fehlenden Worte für die Umwandlung, die auch mit Ohnmacht, Wut und Ekelerfahrung verbunden sein kann, kann eine Pflegesituation ein bewussteres, für jeden Tag und jede Begegnung *dankbares Lebensgefühl* wecken. Die Begrenztheit des gemeinsamen Daseins lässt dichte Momente entstehen, die Wehmut und Dankbarkeit verbinden.
Von außen mag manche *Aktivität* der Pflegenden *als Verdrängung* erscheinen, die ablenkt von der »Realität«, die unangemessen scheint und störend. Psychisch betrachtet ist die Verdrängung eine große »Seelenleistung«, da wir nicht alles (das wäre nicht aushaltbar) und nicht immer (damit wären wir nicht offen für neue Erfahrungen) präsent haben können, was unsere Lebenssituation ausmacht. Erst wenn jemand von sich selber sagt, dass sie/er ständig wegläuft und nicht aushalten kann, werden diese Verhaltensweisen problematisch. Auch hier helfen Gespräche und praktische Entlastung durch Pflegekräfte, Ehrenamtliche oder andere, z.B. auch mit anderen aus einem Gesprächskreis.

»*Wenn die alten Eltern sterben*«[2], dann ist die »schützende Elterngeneration« weggefallen, dann fallen manche Pflegende in ein »Sinnloch«, das tiefer ist als das »Loch«, das die ungefüllte, ehemalige Pflegezeit hinterlässt. Die Tatsache, nunmehr Waise zu sein, kann manche seelische Not auslösen. Da ist es gut, wenn dies von Menschen, die davon eine »Ahnung« bzw. eine eigene Erfahrung haben, daraufhin angesprochen zu werden, da nicht wenige dies als »Kinderkram« wegdrücken wollen.

Bezugspersonen und Hilfesysteme

Immer wieder tauchen die Fragen nach Unterstützung auf, oft allerdings zu einem Zeitpunkt, wo sich die Situation schon zugespitzt hat. Die Belastung einer Pflege wächst für den Pflegenden mit der Zeit immer mehr – wie eine sich *verstrickende Dornenhecke*, vor allem, wenn die Pflege nicht auf mehrere aufgeteilt ist. Eine einzeln Pflegende wird durch die Beanspruchung immer mehr zugedeckt. Oft ist es schwierig, den Zeitpunkt richtig einzuschätzen, an dem die Pflegende noch die »Dornenhecke« beschneiden kann. Muss erst das Maß an Überbeanspruchung voll sein, ehe eine Wandlung für möglich gehalten wird? Oft genug ist dann das System der Pflege beim Pflegenden und beim zu Pflegenden so eingefahren, dass kaum noch Ideen für die Änderung des lebensabschnürenden Zustandes aufkommen mögen. Es ist daher ganz wichtig, sich gezielt *Unterstützung* zu suchen durch verschiedene Betreuungsformen, bei zunehmender Pflege auf den Tod hin z.B. durch einen Hospizdienst. Es kann durchaus sein, dass Menschen, die sich Freiräume schaffen, dafür schief angesehen werden, was sie unterschiedlich stark belastet. Gibt es in der eigenen Familie, z.B. unter Geschwistern keine Entlastung, so gehen die Enttäuschungen darüber seelisch »tiefer«, auch wenn sie nur altbekannte Geschwisterkonstellationen aktualisieren.

Konflikte unter *Geschwistern* machen sich nicht selten an den Fragen nach Betreuung (früher: Vormundschaft und Pflegschaft) wie den Fragen finanzieller Art fest. Langjährige unterschwellige Konflikte können hier ihr Ventil finden, eine Lösung und ein einvernehmliches Miteinander ist meist nur durch eine »Moderation« möglich, wozu aber nur sehr selten alle Beteiligten bereit sind. Der Schmerz und die manchmal ohnmächtige Wut darüber, dass der Bruder z.B. alle 14 Tage sonntags von der Mutter »empfangen« wird, nur wenige wertschätzende, dafür umso mehr reglementierende Worte an seine Schwester richtet, im Testament genauso bedacht ist wie diese pflegende Tochter, dieser Schmerz wird oft zum bitteren Dauerzustand. Es gibt aber auch die Erfahrung, dass Geschwister ein gutes Netz der Pflege aufbauen, sich entlasten und respektieren, dass ein Geschwister die Hauptaufgabe trägt und »die Richtung vor gibt«.

Wünschenswert ist also ein Kreis von Menschen, die entlasten können – für kurze Zeit am Tag oder für ein Wochenende. Es gibt viele Gründe – beim Pflegenden und beim Kranken – keine »Fremden« ins Haus zu lassen, doch oft ist dies die einzige Möglichkeit zur Entlastung. Wichtig ist es, solche *Netzwerke* von Anbeginn mitzubedenken – seien es eigene Freiräume, seien es Gesprächskreise, seien es Besuchsdienste.

Auch die *Freunde* spielen hier eine Rolle. Freunde sind nicht zu schonen, wenn es darum geht, mit ihnen über das zu sprechen, was die Pflegesituation an Lebenserfahrungen und Umständen bewirkt. Es geht dabei nicht um ein Heranzitieren der Freunde: Es soll nur klar sein, dass Freunde dann, wenn sie mit Pflegenden zusammentreffen, nicht von den Erfahrungen der Pflege verschont werden – so, als könne über alles, nur nicht über das während der Pflege Zentrale (nämlich die Pflegesituation) gesprochen werden. Pflege darf kein Tabu sein! Die Freunde, die uns wichtig sind, sollen sich einer Mitbetroffenheit stellen. Den Freunden wird dadurch auch die Möglichkeit gegeben, an den Erfahrungen der Pflegenden teilzuhaben – evtl. im Blick darauf, dass sie selbst auch in eine solche Situation gelangen können.

Medizinische Entscheidungen brauchen auch ein Hilfesystem. Hier ist ein gutes, vertrauensvolles Verhältnis zum Hausarzt und dem möglicherweise eingesetzten Pflegedienst ein Segen. Die gute Beobachtung des Kranken ist hilfreich, um auch dem Arzt die Arbeit seiner Betreuung zu erleichtern. Auch für die direkte Sterbebegleitung ist es hilfreich, in gutem Kontakt mit dem Arzt die richtigen, menschlichen Entscheidungen zu treffen – z.B. in der Überlegung zu Maßnahmen, die das Leben nicht verlängern.

Familiendynamiken und Rollenwechsel, zwischen Tochter-Mutter/Vater, Sohn – Mutter/Vater, Ehegatten ...

Bereits angesprochen sind die möglichen Wechsel in der Beziehungs- und Rollengestaltung angesichts einer sich entwickelnden und erweiternden Pflegesituation. Insbesondere die mit der zunehmenden Verantwortungsübernahme sich verändernde *Machtausübung* und Einflussnahme (teils bis in kleinste Entscheidungen) sollte nicht unreflektiert geschehen, da sonst Widerstände an anderer Stelle das Leben miteinander schwer machen. Diese Widerstände sind Ausdruck des Unbehagens angesichts des Wandels, folglich des Beharren-wollens auf alten Mustern und insofern etwas ganz »Normales«.

Weiterhin wandelt sich die bisherige *Unterstützung*, d.h., die bisher zeitlich, finanziell bzw. durch ihre »Autorität« unterstützenden Eltern (oder der Ehepartner) werden nun selbst unterstützungsbedürftig, können selbst nicht mehr unterstützen. Damit verlieren sie einen wesentlichen Baustein ihrer Identität, was Abschied und Verlust bedeutet. Denen, die nun mehr Macht (und Macht ist erst einmal nichts Schlimmes, sondern nur deren Miss- bzw. Fehlgebrauch ist problematisch!) haben, ist dies vielleicht unangenehm, vielleicht aber auch angenehm, da sie »endlich« auch einmal zu bestimmen haben ...

In seinem Beitrag »Pflege als Beziehungswandel – Die Belastungen pflegender Angehöriger« nimmt Uwe Wieland aus psychoanalytischer Sicht Stellung zu dem radikalen Wandel der bisher mehr oder weniger »intakten« Beziehungen zwischen Partnern, Kindern und Eltern, Freunden usw.[3] und bringt das Gelingen des Beziehungswandels in Verbindung mit der *Fähigkeit zu trauern.*[4] Falls im Vorfeld bereits eine belastete Beziehung bestanden hat, so tauchen Trennungswünsche unweigerlich auf. Diese können in der »neuen Situation« allerdings nicht ohne massive Schuldgefühle gedacht, geschweige denn umgesetzt werden. Den Angehörigen »ins Heim« zu geben wird dann bereits als Verlassen oder gar als Bruch des Versprechens erlebt, »gute und schlechte Tage miteinander zu teilen«. Das Auftauchen von Aggressionen, nicht nur beim Pflegenden, sondern auch beim Pflegebedürftigen (manche »tyrannischen Handlungen« – so Wieland – wie das Einkoten, das ständige nächtliche Klingeln, das übermäßige Leidlich-Sein etc. sind Ausdruck der Aggression angesichts des »Nicht-mehr-selbst-sein-könnens«[5]) bringen die Beziehung an den Rand des Zerreißens, und dennoch sind die Betroffenen wie »aneinander gefesselt«, was u.a. darin zum Ausdruck kommt, dass Pflegende über lange Zeit keine Hilfe annehmen können. Die Aggressionen der Pflegenden werden weiter unten beschrieben und führen, wenn sie nicht artikuliert, verstanden und damit auf ihren Aufforderungscharakter zur Veränderung hin ernst genommen werden, zu fatalen Konsequenzen.

Bewältigungsstrategien[6]

Die Bedeutung von persönlichen Strategien zur Bewältigung von schwierigen Situationen ist eines der Themen der Psychologie und heißt dort englisch: coping-style. In Bezug auf Frauen, die einen schwerstpflegebedürftigen Angehörigen pflegen, haben Boeger und Pickartz festgestellt, dass ein hohes Ausmaß an Belastungsfaktoren vorliegt, die zum einen aus dem »auffressenden« Pflegealltag, zum anderen aber aus der Lebenssitua-

tion als Frau in der Lebensmitte (mit anderen Plänen und Wünschen) her rührt.
Frauen, die die »chronische Stresssituation Pflege« durch eine positive Deutung bewältigen, hatten deutlich weniger psychische und somatische Beschwerden. Hinzu kamen bei diesen Frauen eine grundsätzliche Akzeptanz der Situation, verbunden mit einer aktiven Umgehensweise mit den Realitäten der Pflege (sie machen sich durch Pflegekurse kompetent, sprechen Freunde und Angehörige an, bauen ein Netzwerk der Hilfe etc.). Nicht zuletzt aber ist das Maß der Selbstbehauptung, des Für-Sich-Sorgens bei den Frauen, die zur Gruppe der weniger Belasteten gehören, deutlich höher. Sie denken auch an sich, wissen, dass sie ihre »Leistung« nur dann gut und auf Dauer erbringen können, wenn sie »gesund« bleiben.
Die Gruppe der stark belasteten Pflegenden zeigt hingegen wenig positive Deutung (z.B. ich tue etwas Sinnvolles, spüre Dankbarkeit ...), sondern identifiziert sich stark mit dem Leiden des/r zu Pflegenden, geht jedes Auf-und-ab emotional mit. Eine deutlich stärkere depressive Gestimmtheit ist dann nicht verwunderlich. Eine sehr ausgeprägte Anpassung an die Bedürfnisse des Pflegenden und eine starke Abwehr von Hilfe bzw. kein aktives Bemühen um solcherart Entlastung treten dann gemeinsam auf.
Die Untersuchung hat deutlich gemacht, dass es »erfolgreiche« und weniger erfolgreiche Strategien zur Bewältigung dieser schwierigen Lebenssituation gibt. Doch wie in vielen Lebensbereichen sind wir Menschen nicht immer »vernünftig«, verhalten uns entgegen besseren Wissens, kommen »nicht aus unserer Haut heraus«. Dann ist es gut, wenn uns vertraute und uns wertschätzende Menschen aufmerksam machen und uns damit eine Veränderungsmöglichkeit eröffnen. Appelle allein helfen nichts!

Entspannung, Ort der Ruhe/ Erholung und der Hoffnung

Im Verlauf der Pflege verlieren nicht wenige Pflegende den Kontakt zu ihren Bedürfnissen und Wünschen, die »Dornenhecke« erstickt auch diese. Wer hilft ihnen, die so notwendigen Orte der Ruhe, der Entspannung und der Hoffnung zu finden? Wollen sie diese überhaupt finden? Hier ist zunächst einmal Skepsis angebracht, da Ruhe und Inne-Halten bedeutet, die eigene Situation mit all ihrer Anspannung, vielleicht Hoffnungslosigkeit und tief sitzender Erschöpfung deutlich wahrzunehmen. Das ist nicht angenehm, kann schmerzen und sehr traurig machen. Da ist ein schnelles Weitermachen wie bisher fast eine »Erlösung«, zumindest spüren die Betroffenen sich dann nicht. Inne-Halten stört den Ablauf, ist dann wie »Sand im Getriebe«.

Dennoch zeigen pflegende Angehörige Ansätze, sich selbst »Orte der Ruhe«, Formen der Entspannung und Zeichen der Hoffnung zu suchen bzw. zu erarbeiten. Ein Gespräch über diese Bedürfnisse und deren Möglichkeiten der Erfüllung, z.B. im Rahmen eines Gesprächskreises Pflegender Angehöriger, kann Ideen zusammentragen, kann Mut machen, »es zu tun«, und kann die gegenseitige Unterstützung (manchmal sogar Mahnung) herbeiführen, die es braucht, um das zu tun, »was mir gut tut« ...

Orte der Ruhe innerhalb eines Hauses, wo die verwirrte Mutter umhergeht, allein durch ihre Anwesenheit schon Unruhe verbreitet, können der Bügelkeller sein, der Vormittagskaffee bei der Nachbarin, der Sessel im Schlafzimmer, wo ein Buch bereitliegt. *Entspannung* können der trotz allem durchgehaltene Sport, das regelmäßige Schwimmen, der Yogakurs oder andere Körper und Geist erfrischende Aktivitäten sein. Leider ist es auch oft das Glas Alkohol mehr das Beruhigungsmittel, »was ja nur rein pflanzlich ist«, der Fernsehkonsum bis zum Testbild ... hilfreich ist in jedem Falle, sich durch andere animieren zu lassen, sich nicht aus allen Aktivitäten herauszuziehen, wenn die Pflege immer mehr Zeit in Anspruch nimmt.

Zeichen der Hoffnung, insbesondere angesichts der Ungewissheit, wie lange die Situation Bestand haben wird, sind Freunde und Verwandte, die mittragen, sind Pflegekräfte und Hospizmitarbeitende, die treu und kompetent entlasten, sind Seelsorger/innen, die Verständnis signalisieren und sich auf die Lebenssituation einstellen können. Doch alle diese Menschen müssen »an- und aufgefordert« sein, wozu sich viele Pflegende nicht in der Lage sehen, oft weil sie sich schlicht anderes, nämlich das nachgehende Sorgen wünschen. Hier sind alle Beteiligten aufgefordert, sensibel aufeinander einzugehen, denn wenn ich will, dass ich jemandem nahe bin, muss ich ihm schon einmal nahe treten!

Pflegerisiken und Gewalt in der Pflege thematisieren und mindern

Die Überforderung durch eine plötzlich eintretende Pflegesituation, die es nicht ermöglicht, sich angemessen auf die gänzlich veränderte Lebenssituation einzustellen, hat nicht selten zur Folge, dass Informationen über ganz praktische Hilfen fehlen, dass Heil- und Hilfsmittel, die zustehen, nicht vorhanden sind, dass Grundkenntnisse in häuslicher Pflege im Do-it-yourself-Verfahren, statt unter kundiger Anleitung erworben werden.

Nicht selten treten dann Pflegefehler durch Unvermögen, bzw. Pflegerisiken durch Fehleinschätzungen auf. Auch hier kann ein Gesprächskreis für pflegende Angehörige »erste Hilfe« bieten, da dort »Neulinge« und »alte Hasen« mit viel Erfahrung zusammenkommen. Für die fehlenden fachlichen Anteile sind aber auch Kurse in häuslicher Krankenpflege bzw. Beratungen durch Pflegedienste abrufbar. Im Rahmen der Qualitätssicherung der häuslichen Pflege sind Besuche speziell ausgebildeter Pflegekräfte (»Pflegevisiten«) im Rahmen der Pflegeversicherung mittlerweile verpflichtend.
Es ist längst kein wirkliches Tabuthema mehr, dass langjährige Pflegesituationen große Überreiztheit, Ratlosigkeit, Ärger, Verbitterung, aber auch vielfältige Ängste bei den Pflegenden auslösen. Die zunehmende Isolation und die Enttäuschung über das Durchkreuzen der Lebenspläne führt nicht selten zu Umgangsweisen, die Außenstehenden fremdartig, manchmal zwischen hochaggressiv und hoch »schuldbeladen« vorkommen. Die »Umkehr der Machtverhältnisse« zwischen z.B. Frau und Mann, zwischen Tochter und Mutter kann zu offenen oder subtilen Formen der Gewalt in der Pflege führen. Laute und harsche Ansprache bis zum regelmäßigen Anbrüllen, bewusstes Vorenthalten von durchaus möglichen Ablenkungen (Fernsehen oder Musik), »fesseln« an den Stuhl oder das Bett, Schläge und »Strafen« verschiedenster Art, emotionale Kälte, alles dies ist leider Realität in der häuslichen Pflege.

Zur Bedeutung einer Gesprächsgruppe für pflegende Angehörige

Unsere über 10-jährige Erfahrung mit monatlich stattfindenden Geprächsangeboten haben ein paar Rahmenbedingungen als sinnvoll und hilfreich erwiesen: Zunächst sollte das Angebot nicht zu »kleinräumig«, z.B. nicht nur für und in einer (Pfarr-)Gemeinde angeboten werden, sondern z.B. in einem Stadtteil, einer Kleinstadt oder einer Region. Dies ermöglicht eine gewisse »Anonymität«, verhindert die Sorge, dass »alle meine Situation mitkriegen«.
Zum Zweiten erweist es sich als angemessen, nicht nur eine Reihe von vielleicht fünf Gesprächsabenden anzubieten, die informativen Charakter hätten, sondern den Frauen (es finden sich in der Tat nur wenige Männer in den Gesprächskreisen, obwohl auch sie mit- oder sogar ausschließlich pflegen) eine dauerhafte »Zusage« machen, dass sie einmal im Monat mit ihren Sorgen und Nöten einen »Landeplatz« bekommen. Hintergrund für den monatlichen Rhythmus ist, dass, anders als in der Pflege von Kleinkindern,

nicht abzusehen ist, wann die Pflegesituation endet, eine Unterstützung auf unbestimmte Zukunft hin eine deutliche Stütze darstellt. Damit ist nicht gesagt, dass andere Angebote an Pflegende nicht ebenfalls sinnvoll sind (z.B. Vortragsreihen, Pflegekurse, eine begrenzte Anzahl thematisch geprägter Gesprächsabende etc.)[7].

Die Gruppe ist drittens folgerichtig als offene Gruppe definiert, neue Teilnehmende sind jederzeit willkommen, sie melden sich lediglich telefonisch an. Gruppenteilnehmerinnen bleiben meist über viele Jahre, oft sogar noch ca. ein Jahr nach dem Tod des Gepflegten.

Sie ist – viertens – eine angeleitete Gruppe, d.h. keine Selbsthilfe-, sondern eine Betroffenengruppe. Pflegende sollten nicht noch damit belastet werden, den Rahmen für diese Treffen herzustellen und auf die Einhaltung der »Spielregeln« zu achten. Diese Gruppenspielregeln sind die Verschwiegenheit darüber, was gesprochen wurde, die Freiwilligkeit zu kommen (die nicht zu einer Unverbindlichkeit verkommen darf), die Offenheit, angebotene Verhaltensweisen umzusetzen oder nicht, und die Selbstbestimmung darüber, was und wie viel von sich mitgeteilt wird. Dies alles führt im Laufe der Zeit zu einer großen Offenheit und Toleranz.

Ähnliche Pflegesituationen, die in Gesprächskreisen ausgetauscht werden können, entlasten die pflegenden Angehörigen von der Vorstellung, »nur bei mir ist das so«. Durch den Informations- und Erfahrungsaustausch, auch über sehr praktische Dinge, wird gegenseitige Hilfe geleistet.

In einem solchen Kreis von ähnlich Betroffenen ist es möglich, über die oben geschilderten Erfahrungen und eigenen aggressiven und gewalthaften Handlungen zu sprechen, vorausgesetzt, die Leitung ist sensibel und kompetent im Umgang mit diesen Thematiken und in der Lage, aufkeimende Empörung in der Gruppe über »Gewaltschilderungen« umsichtig, aber deutlich zu entschärfen. Damit wird ein großer Beitrag geleistet, die Motive des Handelns zu verstehen, das Bündel an Gefühlen zu benennen und damit emotionale Entlastung, gerade auch der Schuldgefühle, die zu weiterer Verschärfung der Situation führen können, zu schaffen. Ein gemeinsames Überlegen, welche Handlungsweisen besser geeignet sind, und wo bzw. wie die Aggressionen ausgedrückt und ausgelebt werden können, ist dann möglich. Die Teilnahme an der Gruppe ist bereits an sich ein erster und wichtiger Schritt, sich drohender Isolation zu erwehren bzw. sich aus der Isolation heraus zu bewegen (»die Dornenhecke war schon sehr hoch gewachsen!«) und zusätzliche Ausgleichsaktivitäten anzugehen. Damit, dass sowohl Angehörige, die zu Hause pflegen, als auch solche, in der Gruppe vertreten sind, die (nunmehr) ihren pflegebedürftigen Angehörigen in einem Alten- und Pflegeheim wissen, werden die Vorurteile gegen das »Abschieben« relativiert, da Angehörige auch dann noch für die Pflege Mitverantwortung tragen, wenn sie nicht (mehr) zu Hause pflegen.

Bedeutsam sind auch soziale Verhaltensweisen, die in der Gruppe gestärkt werden:

- von sich, auch den widerstreitenden Gefühlen erzählen und sich damit wichtig nehmen,
- zuhören lernen und dabei eigene, oft vorschnelle Bewertungen ablegen,
- Kritik angemessen äußern und Kritik annehmen können,
- die eigenen Körperempfindungen wahr- und ernst nehmen.

Dies ist aber daran gebunden, dass die Gruppenleitung die personzentrierten und annehmenden Interaktionsformen selbst lebt und für deren Einhaltung Sorge trägt.

Es ist sehr deutlich, dass die Kräfte der Pflegenden stark auf den/die zu Pflegende und die gesamte Situation hin gebündelt sind. Gleichzeitig sind die Themen, die im Verlauf der Pflege persönlich und oft sehr existenziell hervortreten, höchst sensibler Natur.
Daraus ergibt sich, dass es – anders als in »reinen« Selbsthilfekontexten – sinnvoll ist, Gesprächskreise unter einer kompetenten Gesprächsleitung einer/s Nicht-Betroffenen, zumindest nicht mehr akut Betroffenen, stattfinden zu lassen. Die Leitung hat dann die Rolle, sowohl den Gesprächsfluss und die Einhaltung der Regeln zu beachten, als auch auftauchende generellere und alle betreffende Fragen herauszustellen (siehe z.B. oben Freiheit und Verantwortung, Aggressionen u.a.), ohne in theoretische Abhandlungen abzuschweifen. Darüber hinaus wird die Leitung des Kreises auch für Einzelne in der Zwischenzeit als Ansprechpartner/in zur Verfügung stehen können, was selbstverständlich nicht ausschließt, dass die Teilnehmenden auch untereinander ein »Netzwerk« bilden.
Nicht zuletzt wird die Leitung immer wieder herausstellen, vielleicht nicht in erster Linie verbal, dass die von den Pflegenden geleistete »Arbeit« zu den wertvollsten Dingen gehören, die wir einander geben können, Selbstlosigkeit aber immer auch Selbststand und Eigenliebe braucht.

Anmerkungen

1. *Verena Kast*: Trauern – Phasen und Chancen des psychischen Prozesses, Kreuz-Verlag, Stuttgart 1999.
2. So der Titel des Buches von *Barbara Dobrick:* Wenn die alten Eltern sterben – Das endgültige Ende der Kindheit, Stuttgart 1998.
3. *Uwe Wieland:* Pflege als Beziehungswandel – Die Belastungen pflegender Angehöriger: Diakonia 32 (2001), Heft 3, 218-222.
4. Ebd., 221f. Die Analogien sind m.E. nicht so deutlich, wie Wieland sie beschreibt. Im Prozess einer langen Pflege gibt es sicher Zeiten der »Betäubung« und des Nicht-wahr-haben-Wollens, die aber nicht mit der so genannten »Schockphase« der Trauer vergleichbar sind. Die anderen Phasen der Trauer (starke, oft ambivalente Gefühle, Suchen, Finden und Sich-Trennen, also die Erinnerungsarbeit, sowie das sich neu und anders ins Leben bewegen) sind ebenfalls nur auf dem Hintergrund analog, als solche Erlebens- und Verhaltensweisen unter belastenden Situationen eine hohe Auftretenswahrscheinlichkeit haben.
5. Wieland, 220.
6. Siehe hierzu den Artikel von *Annette Boeger und Andrea Pickartz:* Bewältigungsstrategien bei pflegenden Angehörigen: Report Psychologie (26), 4/2001, 234-240.
7. Vgl. den guten Überblick in *Astrid Hedtke-Becker:* Die Pflegenden pflegen, 2. Aufl., Freiburg 1999, bes. 104-120.

Sterben und Tod in den Weltreligionen

Georg Schwikart

Woher kommt der Tod? Wann trifft er mich? Ist mit dem Tod alles aus? Was ist mit uns, wenn wir sterben? Was bleibt von einem Menschen? – Die Antworten auf diese Fragen sind bunt und vielfältig, sie widersprechen einander und lassen sich nicht vereinheitlichen. Man kann keine Aussagen machen, die für alle Epochen der Menschheitsgeschichte und für alle Regionen der Erde Gültigkeit haben. Die Botschaft der Religionen aber ist: Der Tod hebt das Leben nicht einfach auf, sondern er transformiert es. Der Verstorbene gelangt in einen Bereich, in dem andere Daseinsbedingungen gelten als auf der Erde. Diese Vorstellung, dass der Mensch nach dem Tod in anderer Art und Weise weiter existiere, ist in den Kulturen der Welt sehr verbreitet. Allerdings bedingen die unterschiedlichen Glaubensgebäude höchst unterschiedliche Jenseitsvorstellungen.

Ob der Tod als Strafe Gottes angesehen wird oder das Sterben-Dürfen ein Geschenk der Götter ist – jede Religion muss den Tod in ihr System integrieren. Sie formuliert neben den Heilserwartungen auch Heilsbedingungen, also die Zugangsvoraussetzungen für die Gläubigen. Die Religion akzeptiert die Sterblichkeit des Menschen, aber sie kapituliert nicht vor dem Tod. Sie kann helfen, Sterben und Tod zu akzeptieren, auch wenn damit nicht automatisch die Angst vor dem Ungewissen verschwunden ist.

Neben der geistigen Auseinandersetzung mit dem Phänomen Tod muss die Religion ihn praktisch in den Griff bekommen. Dafür haben sich in den verschiedenen Religionen vielerlei Rituale herausgebildet. Wie die anderen gravierenden Einschnitte im Leben – Geburt, Erwachsenwerden und Eheschließung – verändert der Tod den Status eines Menschen. Sein Sterben wird rituell begleitet, ebenso der Umgang mit der Leiche bis hin zu den Verarbeitungsprozessen des Verlustes, der Trauer.

Was ist der Tod?

In allen Kulturen haben sich die Theologien des Todes erst mit der Zeit entwickelt. In den Religionen dauerte es oft Jahrhunderte, bis bruchstückhafte Aussagen in den Heiligen Schriften und sich widersprechende Inhalte des Glaubens vereinheitlicht und harmonisiert wurden. Manchmal musste man sich auch auf Analogieschlüsse zurückziehen, weil der Religionsstifter keine konkreten Aussagen zu bestimmten Fragen gemacht hat.

Dass ein Mensch stirbt – für Christen ist das die Folge der Sünde. Der Tod ist ein grundsätzliches Übel. Erst Jesus Christus hat durch sein Lebensopfer den Tod überwunden und Auferstehung für alle ermöglicht. Juden und Muslime anerkennen die Macht die Todes, gestehen Gott als Herrn über Leben und Tod zu, dass er Tag und Stunde bestimmen darf, wann jemand zu sterben hat. Der Tod wird als eine der notwendigen Durchgangsstationen auf dem Weg zum Ziel des ewigen Lebens betrachtet. Für Hindus und Buddhisten ist das Sterben des Einzelnen nur eine Schwellenhandlung von einer Existenz in eine andere. Wichtig ist, einmal aus dem Kreislauf der Wiedergeburten aussteigen zu können.

Jenseitsentwürfe

Was nach dem Tod geschieht, weiß von den Lebenden niemand. Weit verbreitet ist aber die Vorstellung, dass der Mensch in mindestens zwei Teile zerfällt: den Körper, der als Leichnam entsorgt wird (bestattet oder verbrannt, den wilden Tieren ausgesetzt oder im Meer versenkt), und den Geist. Was erwartet einen Menschen jenseits der Todesschwelle? Wird er vor ein Gericht gestellt, wo man über alle seine guten und schlechten Taten urteilt? Den alten Israeliten war diese Vorstellung fremd. Sie waren überzeugt, Lohn und Strafe für gute und schlechte Taten zeigten sich bereits in diesem Leben. An ein Gericht glauben aber die Muslime und auch die Christen, wobei die Letzteren sich nicht einig sind, ob es für jeden nach seinem Tod stattfindet oder für alle Toten gemeinsam am Ende der Zeiten. Hindus und Buddhisten erwartet kein Gericht; jeder richtet sich aber mit seinen Taten selbst und beeinflusst damit die nächste Wiedergeburt.

Gibt es im Jenseits Orte der Freude oder der Qualen, einen Himmel und eine Hölle? Liegen zwischen dem Tod und den eigentlichen Zielen Zwischenstationen, eine Ruhezeit bis zum Jüngsten Tag etwa? Wartet aber zuvor ein Fegefeuer? Worin besteht das höchste Glück: in der Anschauung Gottes, im Wohlergehen von Leib und Seele, in der Selbsterkenntnis?

Die Jenseitsentwürfe der Religionen sind höchst unterschiedlich. Manche kennen Stätten des Lohnes und der Strafe und lokalisieren diese unter der Erde, unter dem Meer, im Himmel oder in weiter Ferne. Andere glauben an eine weitere Existenz nur für jene Menschen, die »erfolgreich« die Prüfungen des Lebens und Sterbens bestanden haben; alle anderen würden aufhören zu existieren. Während die einen die Totenreiche detailreich beschreiben, bevorzugen andere Gleichnisse und Bilder.

Die westlichen Vorstellungen vom Leben waren in der Regel linear: Alles habe einen Beginn und ein Ende – das Universum und das Leben eines Menschen. Es gab einen Anfang der Welt und es wird ein Ende mit ihr haben. Genauso wird ein Mensch geboren und stirbt. Das Erdendasein ist die Phase der Bewährung. In diesem System schreitet die Zeit voran. Irgendwann ist es damit vorbei.
Dagegen denken die asiatischen Philosophien des Hinduismus und Buddhismus, das Leben sei ein Zyklus, der sich unendlich oft wiederholte. Der Mensch bewegt sich in Kreisläufen, wird geboren, lebt und stirbt, wird wieder geboren, lebt wieder, stirbt wieder, und so weiter. In den Lebensphasen muss er bestimmte Leistungen erbringen, um irgendwann aus dem Kreislauf aussteigen zu können. Beide Religionen kennen die Lehre des Karma, die besagt, dass jede Tat, getan oder unterlassen, eine Wirkung nach sich zieht: die gute Tat eine gute, die schlechte Tat eine schlechte. Wenn also das »Karma-Konto« ein Soll ausweist, ist eine weitere Existenz notwendig.

Glaube als Sterbehilfe

Die traditionelle Sterbebegleitung in den Religionen kümmert sich um die praktischen Probleme. In der Regel steht man dem Hinscheidenden bei, lässt ihn nicht allein und vollzieht Riten der Ablösung. Bei Nomadenvölkern konnte es aber auch vorkommen, dass jene, die den Tod nahen sahen, sich von der Gemeinschaft entfernten, um diese nicht mit ihrem Ableben zu belasten.
In den meisten Kulturen ist es üblich, dass sich der Sterbende – wenn der Tod absehbar ist, also nicht durch Unfall oder Infarkt plötzlich kommt – niederlegt. Gläubige harren bei ihm aus, blicken mit ihm auf sein Leben zurück und ermutigen ihn, seine Schuld einzugestehen. Er möge seinen letzten Willen äußern und das Erbe verteilen. Priester (oder entsprechende spirituelle Personen der Religionen) begleiten ihn über den Exitus mit Gebeten, Rezitationen aus den Hl. Schriften und Liedern. Man betet für ihn um ein mildes Urteil beim Gericht, den Eingang in gute Jenseitsorte oder eine positive Wiedergeburt.
Hindus sterben am liebsten am Ganges, dem heiligen Fluss Indiens. Als Sterbende werden sie oft hingefahren, um dort noch einmal baden zu können. Für Buddhisten ist es wichtig, dass die Sterbenden nicht von klagenden und weinenden Menschen irritiert werden; solche haften noch zu sehr dem Leben an. Man hilft dem Bewusstsein des Sterbenden, den Körper auf eine bestimmte Art und Weise verlassen zu können. Der Muslim soll Richtung Mekka schauen, wenn er zum letzten Mal seinen Glauben bekennt.

Nach Eintritt des Todes schweigen die einen, wehklagen die anderen, beten die meisten. Aber wie auch immer der Trauer spontan Ausdruck verliehen wird, mit dem Leichnam wird ehrfürchtig umgegangen. Man schließt Augen und Mund und wäscht und bekleidet den Leib, manchmal wickelt man ihn nur in ein Tuch. In manchen Kulturen wird der Leichnam gesalbt, geschmückt, gespeist, auch gefesselt. Bis zur Bestattung wird der Tote bewacht, mal stillschweigend, mal unter Gebet, mal mit Bewirtung, zum Zeichen der Achtung und Würde, aber auch ganz prosaisch, um ihn vor Diebstahl zu schützen.

Bestattungsformen

Ein unbestatteter Toter befindet sich nach allgemeiner Auffassung in einem unbefriedigenden Zwischenstadium. Irgendetwas muss mit ihm geschehen, um der Pietät und Tradition Genüge zu tun. Form und Ablauf der Bestattungszeremonien ist vom religiösen Hintergrund, aber auch von örtlichen Voraussetzungen (Klima, Bodenbeschaffenheit), gesellschaftlichen Strukturen und sozialem Status des Verstorbenen abhängig.

In mancher Kultur ist darüber hinaus die rituell vollzogene Beerdigung/Verbrennung sogar notwendig, um Eingang ins Jenseits zu erlangen. Fehlen bestimmte Akteure – beispielsweise der Sohn oder der Priester – oder werden die Riten durch Unbefugte vollzogen, gerät die Heilszusage ins Wanken. Das Problem stellt sich auch, wenn der Leichnam nicht vorhanden ist, weil der Verstorbene ertrunken ist, sich unauffindbar in den Bergen oder in Feindeshand befindet. Die rituell vollzogene Bestattung ist eine religiöse Pflicht, die auch gegenüber Fremden oder Gegnern gilt. Umgekehrt ist es eine besondere Form der Bestrafung, die angemessene Bestattung zu verweigern.

Vom Jenseitsglauben ist die Behandlung des Leichnams abhängig. Wer an die »Wiederauferstehung des Fleisches« glaubt, kann ihn nicht verbrennen. Im Islam ist eine Verbrennung verboten, weil der Leib Gott gehört und nicht zerstört werden darf. Wer von der Trennung der Seele vom Körper im Tod überzeugt ist und dem toten Körper keine weitere Bedeutung beimisst, kann ihn vernichten. Im Hinduismus *muss* er vernichtet werden, um den Geist vom Ballast des Leibes befreien zu können.

Die wahrscheinlich älteste Form der Bestattung ist die Beerdigung. Archäologen datieren die bisher ältesten gefundenen Gräber auf etwa 50.000 vor Christus. Seit der Frühzeit werden Tote sitzend, liegend, hockend, wie im Mutterleib kauernd, manchmal in eine bestimmte Richtung gewendet, in der Erde bestattet. Diese Form sichert zwar einen gewissen Schutz des Leichnams, gibt ihn aber doch der Verwesung preis.

Weiteste Verbreitung aber hat die Verbrennung gefunden. Vor über 5000 Jahren schon wurden in Südrussland Tote verbrannt, was Aschenfunde belegen. Die verbleibenden Überreste können der Natur übergeben oder aber beerdigt werden. Je nach Kultur wird die Verbrennung als Segen oder Fluch aufgefasst: Die Verweigerung der Kremierung kann den Geist des Toten zwingen, im Körper zu verweilen, und lässt ihm nur ein Schattendasein; die Verbrennung eines Christen galt als Schande und Strafe.
Die Riten spiegeln die Akzeptanz des menschlichen Schicksals, sterben zu müssen, auf bunte Weise: Manche drücken durch betonte Schlichtheit den Willen aus, nichts dramatisieren zu wollen, andere wählen den entgegengesetzten Weg und dokumentieren durch Jubel und Pomp die Zuversicht, dass das Leben das letzte Wort behält.

Genormte Trauer

Häufig gilt die Leiche als »tabu«, der Umgang mit ihr macht unrein. Diese rituelle Unreinheit muss behoben werden. Mannigfaltiges Brauchtum gliedert die Hinterbliebenen wieder in die Gesellschaft der Lebenden ein. Außerdem sind die Formen, in denen der emotionalen Trauer Ausdruck verliehen wird, in der Regel kulturell festgelegt.
Aus der verwandtschaftlichen Nähe zum Verstorbenen leitet sich die Intensität der Trauernden ab. Sie stellen für eine bestimmte Zeit die Arbeit ein, verzichten auf Belustigung und Tanz, sind von religiösen Geboten entpflichtet. Die Zeichen des Trennungsschmerzes – Fasten, Verzicht auf Sexualität, auf dem Boden sitzen, Kleider zerreißen, Zimmer verdunkeln, Spiegel verhängen, Uhren anhalten, sich nicht waschen und frisieren – können sich bis zur Selbstfolter steigern, die Trauernde sich mit Schmutz beschmieren, Erde essen und sich selbst Wunden zufügen lässt. Manche schweigen, andere klagen und weinen; der Name des Toten darf vielleicht nicht ausgesprochen werden.
Der tibetische Buddhismus sagt, vom 3. bis zum 49. Tag ist der Geist eines Menschen in Ohnmacht gefallen; in dieser Zeit darf getrauert werden und soll man den Leichnam entsorgen; danach erfolgt eine neue Inkarnation. Bei den Juden heißt es: 3 Tage sind für das Weinen da, 7 für die Klage, 30 für die Trauer. Nur für die Eltern hält man ein ganzes Trauerjahr. Die Muslime praktizieren am 40. Tag nach dem Tod eine Feier, die den Trauernden wieder ganz in die Gemeinschaft der Lebenden aufnimmt. Seit dem 16. Jahrhundert ist im europäischen Kulturkreis Schwarz die Farbe der Trauer, in Japan ist es Weiß, auf Bali trägt man bunte Kleider.

Jede Kultur verarbeitet den Tod auf ihre Weise

Es gibt verschiedene Arten, den Tod zu verstehen und mit ihm umzugehen – aber es gibt keine »richtigen« und »falschen« Weisen. Wir sind nicht gefragt, fremde Glaubenswelten zu beurteilen. Wir sollten Achtung vor dem religiösen Empfinden anderer aufbringen – wir müssen es jedoch nicht teilen! Größtmögliche Toleranz sollte selbstverständlich sein. Das bedeutet: Besser nachfragen, was erwünscht ist, als gut gemeint etwas verkehrt machen.

Praktische Hinweise zum Umgang mit dem Sterbenden, dem Leichnam und mit den Angehörigen

In der Pflege:

1. Bei der stationären Aufnahme sollte nachgefragt werden, ob aufgrund der religiösen oder weltanschaulichen Einstellung des Patienten pflegerelevante Dinge zu beachten sind.
2. Das Schamgefühl ist kulturell bedingt; in vielen Kulturen ist die Trennung der Geschlechter viel strikter als in Mitteleuropa. Das beginnt beim Händeschütteln: Muslimische Frauen reichen traditionell keinem Mann die Hand, wie auch eine menstruierende Jüdin keine Hand reicht. Darüber hinaus ist es für Angehörige nichtchristlicher Religionen oft nicht nur unangenehm, sondern auch religiös verwerflich, von einem Pflegenden des anderen Geschlechts betreut zu werden. Deswegen ist es wichtig, dass möglichst Frauen von Frauen und Männer von Männern gepflegt und untersucht werden; wenn sich das nicht einrichten lässt, sollte sich mindestens eine weitere Frau bzw. ein weiterer Mann im gleichen Raum befinden.
3. Manche Gläubige sind angehalten, bestimmte Kleidungsvorschriften zu beachten. Dazu kann auch das Tragen einer Kopfbedeckung gehören, sogar im Schlaf oder bei einer Operation.
4. Speisevorschriften gelten für viele Religionen (Juden essen koscher, Muslime kein Schweinefleisch, Hindus kein Rindfleisch, viele Buddhisten vegetarisch). Wie streng der Einzelne es damit hält, muss geklärt werden. Dazu gehören auch Rituale wie Händewaschen und Gebet vor dem Essen.
5. In vielen Ländern gehört zum Umgang mit Kranken oder Sterbenden als Zeichen der Verbundenheit mit der Familie reichhaltiger Besuch von Verwandten und Freunden. Darauf sollte nach Möglichkeit Rücksicht genommen werden.

Wenn es ans Sterben geht:

6. Um spirituelle Begleiter (Pfarrer, Imam, Rabbiner, Guru) bei Bedarf erreichen zu können, sollte die Einrichtung eine Liste mit Ansprechpartnern führen: Adressen der christlichen Kirchen, der israelitischen und muslimischen Gemeinden, buddhistischer Gruppen etc. Telefonbücher geben Auskunft, ebenso Stadtverwaltungen und Landratsämter.
7. Ungefragt sollten bei keinem Sterbenden christliche Symbole aufgestellt werden (Kreuz, Kerze, Weihwasser), auch keine Gebete gesprochen. Wenn der Sterbende nicht mehr sprechen kann und auch keine Angehörigen zu erreichen sind, lieber darauf verzichten.
8. Muslime wünschen eventuell, noch einmal in Richtung Mekka beten zu können (von Mitteleuropa aus in südöstlicher Richtung). Dazu sollte ihnen die Möglichkeit verschafft werden.

Umgang mit dem Leichnam:

9. Nach dem Tod darf ein Leichnam nur gewaschen werden, wenn das ausdrücklich mit den Hinterbliebenen abgesprochen wurde. Es kann eine kultische Verletzung bedeuten, wenn ein Leichnam von falscher Hand berührt wird. Gleiches gilt für das Ankleiden des Verstorbenen.
10. Wenn möglich, sollte den Angehörigen ein Raum zur Verfügung gestellt werden, in dem sie ihrer Tradition entsprechend Abschied nehmen können. Eine Abschiedsraum könnte beispielsweise durch wenige Handgriffe seiner christlichen Dominanz entkleidet werden, wenn das Kreuz an der Wand abnehmbar ist.
11. Juden und Muslime bestatten traditionsgemäß ihre Toten noch am gleichen Tag (oder so schnell als möglich). Verwaltungsangelegenheiten wie das Ausstellen des Totenscheins sollten deswegen umgehend erledigt werden.

Literatur

Maria Flühler: Fremde Religionen in der Pflege, Manava Verlag, Basel 2001.
Georg Schwikart: Tod und Trauer in den Weltreligionen, Gütersloher Verlagshaus, Gütersloh 1999.

Erfahrungen mit der »unsichtbaren Welt«

Hubert Böke

Frau B. wacht Tag und Nacht bei ihrem Mann. Herr B. liegt auf der inneren Station eines Krankenhauses. Ärztliche Diagnose: Krebs im Endstadium. Seine Hoffnung – und die unausgesprochene Befürchtung seiner Frau, noch einmal nach Hause entlassen zu werden, zerschlägt sich.
Selten habe ich auf einer Station eine liebevollere Begleitung durch Schwestern, Pfleger und Ärzte erlebt. Doch in den letzten Tagen kommt auch Frau B. immer mehr an ihre eigenen Grenzen. Herr B. taucht nur noch für kurze Augenblicke aus der Bewusstlosigkeit auf, ist oft körperlich sehr unruhig.
Als ich am Abend seines Todes noch einmal komme, sitzt Frau B. deprimiert und selbst zu Tode erschöpft am Bett ihres Mannes. Seit Tagen hat sie das Krankenhaus nicht mehr verlassen.
Der Tod kommt. Keiner weiß zu sagen, wann. Im Stillen bete ich für beide, dass er bald kommen möge. An diesem Abend können wir darüber sprechen – über das unsäglich lange Warten auf den Tod und das gleichzeitige um-jeden-Atemzug-Bangen, den er noch bei ihr bleibt. Frau B. hat ihrem Mann sagen können, dass er nicht mehr bleiben müsse um ihretwillen. Sie wird unendlich trauern, aber sie verspricht ihm, dass sie es schaffen wird.
Wir schweigen wieder ... Irgendwann fasse ich mir ein Herz und spreche von den Menschen, die – dem Tode nahe – wieder ins Leben zurückgekehrt sind und erzählen, wie es war auf ihrem Weg »über die Schwelle«. Natürlich hat Frau B. davon gehört. Auch davon, dass viele berichten, dass sie »an der Grenze« erwartet wurden von vertrauten Menschen, die den Weg in die andere Welt vorausgegangen sind.
Es ist ein sehr stiller Augenblick. Herr B. atmet ruhig und leise. Ich frage Frau B., wer wohl die Menschen sein mögen, die ihren Mann erwarten. Ihr ist dieser Gedanke sehr nah. Die Mutter, überlegt sie? Ganz gewiss aber die Großmutter! Ihr Mann hat in seiner Kindheit viele Jahre bei ihr gelebt. Immer wieder einmal hatte er von ihr mit großer Zuneigung gesprochen.
Einen Augenblick später nur atmet Herr B. ein letztes Mal auf und stirbt.
Wir schauen uns betroffen an. »Hat er es geschafft?«, fragt Frau B. In ihr sind Erleichterung, Schmerz und – die Gewissheit, dass ihr Mann unserem Gespräch zugehört hat, dass die Großmutter nun bei ihm ist. Frau B. hatte

Tag um Tag an seinem Sterbebett gewacht. Jetzt würden andere über ihn wachen!
Wir sind über die Jahre im Gespräch geblieben. In ihrer tiefen Trauer war ihr dieses Gefühl kostbar: Ich habe es geschafft, bis zum letzten Atemzug bei ihm zu bleiben, und als er gehen musste, ist er auf dem Weg in die andere Welt nicht allein geblieben. Frau B. hatte die Großmutter ihres Mannes nicht kennen gelernt. Sie war lange vor ihrer Hochzeit gestorben. Aber seit dem Sterbetag ihres Mannes war ihr die im Grunde fremde Frau zu einem ganz wichtigen Menschen geworden.

Von guten Mächten

Als Krankenhauspfarrer bin ich sparsam mit allzu viel »Wissen« um das Sterben. Ich *weiß* wenig. Jedes Sterben ist anders. Aber anders als in meinen ersten Berufsjahren bin ich mir gewisser, dass wir im Sterben nicht nur auf uns selbst gestellt sind. Ich vertraue heute darauf, dass wir gerade im Sterben umgeben sind von unseren »Ahnen«, – andere berichten von Engeln und Geistwesen. »Von guten Mächten treu und still umgeben ...«, sagt Dietrich Bonhoeffer in seinem Gebet (s.u.).
In vielen Gesprächen – es bedurfte oft des besonderen Augenblicks und einer vertrauensvollen Atmosphäre – haben mir Menschen von ihren Erfahrungen erzählt, Erfahrungen mit einer »unsichtbaren Welt«. Diese Gespräche sind es, die auch mein eigenes Glauben, Denken und Empfinden verändert haben.
Das Studium der evangelischen Theologie erinnere ich aus meiner heutigen Sicht als eine sehr intellektuelle Angelegenheit. Ich möchte das nicht missen. Das Studium selbst aber hat wenig Gespür in mir geweckt für das Wirken der »guten Mächte«.

Dietrich Bonhoeffer, evangelischer Pfarrer, inhaftiert wegen seiner Teilnahme am Widerstand gegen das »Dritte Reich«, schreibt Silvester 1944/45 in einer Zelle des Wehrmachtsgefängnisses Berlin-Tegel:

Wenn sich die Stille nun tief um uns breitet,
so lass uns hören jenen vollen Klang
der Welt, die unsichtbar sich um uns weitet,
all deiner Kinder hohen Lobgesang.

Lange schon, bevor mir Menschen von ihren außergewöhnlichen Erfahrungen erzählten, hat mich dieser Vers aus Bonhoeffers Gebet »Von guten Mächten« tief berührt. Damals, im Studium, hat mein Verstand ihn nicht einzuordnen gewusst, heute ist dieser Vers für mich wie ein Schlüssel, mit dem sich mir Erfahrungen von Menschen aufschließen, denen sich Türen zur unsichtbaren Welt geöffnet haben.

Erfahrungen an der Grenze

Vor allem in »Grenzzeiten« und an »Wegscheiden« erleben Menschen die Gegenwart und das Eingreifen der »unsichtbaren Welt«. Die Zeit zu sterben ist wie keine andere Lebenszeit eine solche Zeit.
Jeder, der sich der Aufgabe stellt, Sterbende und ihre Angehörigen zu begleiten, sollte sich im hohen Maße bewusst sein, dass die Begleiteten – und er selbst – mit außergewöhnlichen Erfahrungen zu tun bekommen können. Das mag schrecken. Erfahrungen mit der unsichtbaren Welt sind Erfahrungen mit »heiligem Schrecken«. Die Gottesboten der biblischen Geschichte treten den Menschen mit dem Gruß »Fürchte dich nicht« gegenüber. »Zum Fürchten« ist jede Begegnung mit der »anderen Welt«. Und doch sind die allermeisten dieser Erfahrungen am Ende nicht furchtbar, sondern heilend, befreiend, erlösend.

Lassen Sie mich erzählen von Menschen und ihren Erfahrungen:
Eine alte Dame erzählte mir, sie habe tagelang bewusstlos in ihrer Wohnung gelegen. Das spätere Bedauern ihrer Nachbarn wehrte sie ab: »Ich war ja nicht allein. Mutter war immer bei mir.« Ihre Mutter war vor langer Zeit gestorben. Ich dachte: ein Traum, eine schöne Illusion, die ihr über das Schlimmste weggeholfen hat. Später erst machte ich mir Gedanken, es könne mehr als Traum und Illusion gewesen sein. Mir begegneten immer häufiger Menschen, die von ihren außergewöhnlichen Erfahrungen erzählten.
Herr D., ein sehr bodenständiger, nüchterner Mann, Mitte fünfzig, Lagerarbeiter in einem Großhandel, leidet seit Jahren an Asthma. Ich hatte ihn auf der Intensivstation kennen gelernt, Stunden nur, nachdem er aus einem dreitägigen Koma aufgewacht war. Tief bewegt erzählt er: »In meinem ganzen Leben habe ich noch nie so klar gesehen.« Er beschreibt in vielen Einzelheiten, was mit ihm in den drei Tagen auf der Intensivstation geschehen ist, erzählt, wie er, über dem Krankenbett schwebend, seinen eigenen Körper unter sich liegen sieht. – Er ist der erste Patient, der mir von einer solchen Erfahrung erzählt, und ich erinnere mich daran, wie sehr mich damals seine Schilderung berührt hat. Bei aller Vorsicht war mir klar: Das ist keine Halluzination.
Noch spürbarer wird es mir, als Herr D. von einem Grenzerlebnis zwischen Leben und Tod erzählt:

Ein starker Sog zieht ihn in einen dunklen Tunnel. Lange schwebt er in diesem unbeschreibbaren, zeitlosen Zustand. Irgendwann taucht er auf der anderen Seite des Tunnels aus einem Wasserbecken auf. Zwei Lichtwesen empfangen ihn. Sie geleiten ihn zu einer hohen Gestalt. Ihr Gesicht vermag er nicht zu sehen. Gekleidet ist sie in einen weiten, nachtblauen Mantel. Aus tiefen Falten strahlen Millionen von Sternen auf.
»Ich habe noch nie so unfassbar schöne Farben gesehen! Und ihre Stimme! So liebevoll hat noch nie ein Mensch mit mir gesprochen!« – Ihre Stimme teilt ihm mit, seine Zeit sei noch nicht gekommen und sein Visum noch nicht ausgestellt – auf Erden bleibe ihm noch eine Aufgabe. So war er ins Leben und ins Tagesbewusstsein zurückgekehrt.
Immer wieder erzählen mir Menschen von ihren Todes-Nähe-Erlebnissen. – Es gibt einen Streit in der Deutung dieser Erfahrungen. Sind es euphorische Halluzinationen, ausgelöst durch körpereigene Morphine, mit denen die Psyche sich vor dem Unerträglichen schützt? Oder schauen hier Menschen wirklich »über die Grenze« in eine andere Dimension, die wissenschaftliche Methodik nicht zu fassen vermag? – Wie immer diese Erfahrungen gedeutet werden, Menschen, die sie durchlebt haben, sind von ihrem Erleben tief berührt; immer ist es ein Erlebnis großer Klarheit und Intensität, das auch nach Jahren – anders als bei Träumen – nicht verblasst. Ein Begleiter, dem solche Erfahrung anvertraut wird, kann sie m.E. nur mit großem Respekt hören.
Eine Neunzigjährige ist sehr verbittert: »Warum haben die Ärzte mich zurückgeholt!« – Bis ins hohe Alter hinein ist sie rüstig geblieben: »Jetzt ist es Zeit für mich zu gehen!« Und sie erzählt, wie es dort war, wo sie nun hätte sein sollen:
Unter einem mächtigen Baum waren sie alle versammelt, um sie willkommen zu heißen. Viele Menschen in weißen Gewändern waren da, viele liebe Gesichter, ihre Eltern, ihre Geschwister, Freunde. Andere hatte sie nie zuvor gesehen und doch waren sie ihr nicht fremd: »Ich freue mich, wieder nach Hause zu kommen!« Drei Tage später hat sich ihr Wunsch erfüllt.

Begegnungen

Wir Heutigen tun uns schwer mit solchen Erfahrungen. Wenn uns »modernen« Menschen etwas klar und unumstößlich scheint, dann dies: Mit dem Tod eines Menschen sind alle Fäden zueinander gerissen. Wenn es eine andere Welt geben sollte, dann gibt es keinen Kontakt zwischen Hier und Dort. – Ist es so ? Haben unsere Vorfahren mit ihrer Beziehung zu den »Ahnen« nicht klarer gesehen?

Am Vorabend von Allerheiligen sitzt meine Frau still für sich, strickt, hört Musik. Als ich spät nach Hause komme, empfängt sie mich: »Meine Großmutter war heute Abend bei mir. Ich hab' sie deutlich gespürt.«
Ich selbst hatte einen Traum: Meine Großmutter überreicht mir ein kostbares Geschenk. Sie vertraut mir eine Kraft an, die mir bislang nicht zur Verfügung stand. Für mich war es, Jahrzehnte nach ihrem Tod, die erste Begegnung mit meiner »Ahnin«, eine Erfahrung, mit der ich nicht im Traum gerechnet hätte.
In anderen Kulturen ist es heute noch selbstverständlich – und so war es bei unseren Vorfahren –, dass die Lebenden ihre Beziehung zu den »Ahnen« pflegen. Christliche Missionare haben in schroffer Abgrenzung zu den Ahnenkulten der »alten Religionen« heilige Haine und Ahnenbäume abgeschlagen. Doch scheint es, als wachsen aus den lebendigen Wurzeln immer wieder Schösslinge in die Erfahrung auch heutiger Menschen.
Müssen wir uns verschließen vor uralter Menschheitserfahrung? Was ist so gefährlich und seltsam an der Vorstellung, Gott vertraue unseren Ahnen zu Zeiten die Aufgabe von Begleitern und Schutzengeln an? Sind uns nicht die Ahnen die Nähesten in der anderen Welt?
Eine afrikanische Freundin erzählt vom Sterben ihres jungen Bruders. Er hatte einen langen Krankheitsweg durchzustehen. Er tat es mit großer Gelassenheit. In der Nacht, so sagte er, sei er nie allein. Immer sei er umgeben von den guten Geistern seiner Ahnen.
Die Ahnen gaben ihm Träume, Träume von großen Herden und Menschen in weißen Gewändern. »Bald«, so sagten ihm die Hüter der Herden, »wirst du bei uns sein.«
Wer Sterbende begleitet, weiß darum, dass sie oftmals im Gespräch sind mit »Gestalten« in ihrer inneren Welt, mit Menschen, die schon »auf der anderen Seite« sind. Die Tochter wird als die eigene Mutter angesprochen. Der Enkelsohn ist mit einem Mal der längst verstorbene Bruder – für Angehörige und unvorbereitete BegleiterInnen ein Grund zur Verwirrung und oft zu einem Gefühl des Verletztseins.
Vielleicht ist es einfach so: Ein Sterbender ist nicht mehr hier und noch nicht dort »zu Hause« – er »wechselt« zwischen den Welten und Gestalten. Mal schauen seine Augen in diese, mal schauen sie in die andere Welt. Mal ist der Sterbende in der Gegenwart, mal in der eigenen Vergangenheit.
Für Begleiter ist es gut darum zu wissen. Es wächst der Respekt und die Achtsamkeit für das »innere Erleben« meines Gegenübers.

Hinübersehen

Was mich immer wieder fasziniert und berührt, ist, dass ein Mensch am Bett eines Sterbenden oft wenig (oder nichts) davon weiß, was sich in der Seele eines Sterbenden wirklich zuträgt.
Wir sehen einen zerfallenden Körper, erleben oftmals mit, wie ein Mensch mehr und mehr seine Bewusstheit verliert (oder wechselt zwischen »klaren Momenten« und Bewusstlosigkeit). Doch mag ein Mensch in tiefster Bewusstlosigkeit und einem Zustand fortschreitenden körperlichen Zerfalls in seinem Innersten Erfahrungen machen, die der Begleiter nicht einmal zu erahnen vermag. Im Sterben öffnen sich offenbar für viele Tore zur unsichtbaren Welt.
Herr D. (s.o.) erzählte mir von einer früheren Erfahrung:

»Es war, als habe einer vor meinen Augen den Vorhang aufgezogen.«

In einem Augenblick großer innerer Not – ausgelöst durch einen neuerlichen, bösen Asthmaschub – hatte er sich in die Krankenhauskapelle zurückgezogen. Dort saß er, in sich zusammengesunken, ein Gefangener seiner schweren Gefühle. Ganz sanft rührt ihn da einer an seine Schulter. Als er sich umschaut, ist er allein. Mit einem Mal aber hat er eine ganz feste Gewissheit in sich: Das Schlimmste ist vorüber, du wirst leben!
Ihm war, als habe er – für einen Augenblick nur – hinter den Vorhang schauen dürfen. Wie später noch einmal – in der Nähe des Todes.
Nicht die Augenblicke, in denen Kopf und Gedanken die Regie führen, öffnen uns für solche Erfahrungen. Die Begegnungen mit der »unsichtbaren Welt« ereignen sich eher in Zeiten und Augenblicken, die unser Verstand nicht zu kontrollieren vermag.
Wenn Bonhoeffers Vers von »der unsichtbaren Welt« für mich zu einem »Schlüssel« geworden ist, zur Gewissheit, *dass* da eine andere Welt unsere sichtbare Welt umgibt und in sie hineinwirkt mit ihren »guten Mächten«, dann ist es eine Geschichte aus der hebräischen Bibel, die mir eine Ahnung schenkt von dem *wie* der Begegnungen der Menschen mit dieser unsichtbaren Welt.

Der blinde Seher

Es ist die Geschichte des Sehers Bileam und seiner Eselin. Sie steht aufgeschrieben im 4. Buch Mose im 22. Kapitel.
Bileam ist Seher und Priester im Volk der Moabiter. Sein König sendet nach ihm. Er soll die feindlichen Heere Israels verfluchen. Zweimal weist er die

Gesandten seines Königs zurück, befragt Gott – »in der Nacht kam Gott zu Bileam ...« – und zieht am Ende mit den Gesandten des Königs:
»Am Morgen sattelte Bileam seine Eselin und (...) machte sich auf den Weg. Darüber wurde Gott zornig. Während Bileam mit seinen zwei Dienern dahinritt, stellte sich ihm der Engel des Herrn in den Weg.
Die Eselin sah den Engel mit dem gezogenen Schwert in der Hand dastehen und wich ihm aus. Sie ging vom Weg ab ins Feld hinein. Bileam schlug die Eselin und trieb sie wieder auf den Weg zurück.
Da stellte sich der Engel an eine Stelle, wo der Weg rechts und links von Weinbergen begrenzt war. Die Eselin sah ihn und versuchte auszuweichen. Sie drückte sich an die Mauer. Bileams Fuß wurde eingequetscht, und wieder schlug er sie.
Der Engel ging nochmals ein Stück weiter und suchte eine Stelle, an der man weder nach rechts noch nach links ausweichen konnte. Als die Eselin ihn sah, fiel sie unter Bileam in die Knie. Der wurde vom Zorn gepackt und schlug mit dem Stock auf sie ein.
Da gab der Herr der Eselin die Fähigkeit zu sprechen, und sie sagte zu Bileam: »Du hast mich jetzt dreimal geschlagen. Was habe ich dir denn getan?« – »Zum Narren hältst du mich!«, schrie Bileam. »Wenn ich ein Schwert hätte, wäre es längst um dich geschehen.« – »So lange reitest du schon auf mir und kennst mich genau. Warst du jemals unzufrieden mit mir?«
»Nein, nie« , antwortete Bileam.
Da öffnete der Herr ihm die Augen, und er sah den Engel mit dem Schwert mitten auf dem Weg stehen. Bileam warf sich vor ihm zu Boden.
»Warum hast du deine Eselin dreimal geschlagen?«, fragte der Engel des Herrn. »Ich selbst habe mich dir entgegengestellt, weil du auf dem verkehrten Weg bist. Deine Eselin aber hat mich gesehen .... Du verdankst ihr dein Leben, denn wenn du weitergeritten wärest, hätte ich dich getötet.«

Die sehende Eselin

Das Gleichnis dieser Geschichte ist mir wichtig: Die Eselin sieht Dinge, die dem »Reiter« verborgen bleiben. – Der Leib, die Sinne, die unbewussten Kräfte nehmen oftmals wahr, was der bewusste Verstand nicht erkennt.
»Man sieht nur mit dem Herzen gut« , sagt der Fuchs (das Tier) zum »kleinen Prinzen« (dem Menschen). – Dem Kopf und seiner Art zu denken, bleibt vieles verborgen.
In tiefer Bewusstlosigkeit nehmen Menschen wahr, was um sie herum geschieht, gelangen an die Grenzen unserer Wirklichkeit und schauen mit gro-

ßer Klarheit »hinter den Vorhang«. – »In meinem ganzen Leben habe ich noch nie so klar gesehen« , sagt Herr D. über seine Grenzerfahrung in tiefer Bewusstlosigkeit.
Ganz offenbar gibt es Sinne, die sich in der Bewusstlosigkeit öffnen können, – gerade dann, wenn der bewusste Verstand nicht mehr arbeitet.
Solche Erfahrungen machen wir im Grunde in jeder Nacht.
Im Traum arbeitet unsere Seele, zeigt uns Bilder aus unseren Tiefenschichten, spürt das Leben viel intensiver, als der Kopf es vermag. Darum wissen Träume oft besseren Rat als der Verstand. – Bileam, der Seher, erhält Gottes Rat und Weisung in der Nacht.
Die »Eselin« – der Leib, die Sinne, die unbewussten Kräfte der Seele – spüren mehr und anders als der »Reiter« – der Kopf, der Verstand, das Bewusstsein.
In Bileams Geschichte finden Reiter und Reittier zueinander. Die Eselin bekommt eine Sprache und Bileams Augen gehen auf. Bileam lernt auf seine Eselin zu hören und wird wohl so erst zu einem wirklich »Sehenden«, – zu einem, der nicht nur Vordergründiges sieht, sondern einen Blick bekommt für Zeichen und Botschaften aus der unsichtbaren Welt.
An manchen Sterbebetten hatte ich das Gespür, dass der Sterbende zu einem Sehenden wird.
Als Begleiter sehe ich das Vergehen, das Festhalten und Kämpfen, das Loslassen und Weggehen. Doch ich ahne, dass der Sterbende mehr sieht, anderes sieht.
Es ist nicht mehr der Verstand, der Regie führt – alles das, was den Lebenden so sehr bestimmt hat. Der »Reiter« überlässt es seiner »Eselin«, den letzten Weg zu finden.
Als Begleiter vertraue ich darauf, dass ihr, der »Eselin«, die »guten Mächte« sichtbar sind, dass mein Gegenüber in seinem Sterben »… von guten Mächten treu und still umgeben …« ist.
Mögen es Engel sein, die uns führen, mögen es unsere »Ahnen« sein, die uns willkommen heißen, mag das große Licht auf dem Grund unserer Seele aufscheinen.
Jürgen Fliege beschreibt in seinem Buch über Träume eine Erfahrung, die mir nachgegangen ist: Er war als Seelsorger zu einem Sterbenden gerufen worden. Als er an sein Bett trat, deutete der ihm, dass dort schon zwei Menschen stünden. Da war niemand zu sehen. – Fliege tritt dennoch zurück und überlässt den Platz den »Unsichtbaren«.
Mich als Begleiter entlasten solche Erfahrungen – und sie fordern meinen Respekt; Respekt nicht nur für den Platz, der den vertrautesten Menschen in dieser Welt zusteht , sondern auch denen, die uns aus der anderen Welt entgegenkommen.

Und so sehr ein Sterbender die brauchen mag, die ihm hier die Nähesten sind – und vielleicht erlaubt er ja auch uns Fremden, seine letzten Tage und Stunden zu begleiten –, so sehr hoffe ich darauf, dass von der anderen Seite längst »Geburtshilfe« auf dem Weg ist.

Mit vier Beinen auf der Erde stehen

Was noch gesagt werden soll: Wer sich offen halten will für Erfahrungen mit der »unsichtbaren Welt«, der sollte mit beiden Beinen – besser noch: mit vier Beinen wie Bileams Eselin – auf der Erde stehen.
Dietrich Bonhoeffer sagt in einer Predigt:
»Gott will Menschen sehen, nicht Gespenster, die den Erdboden scheuen ... Er hat die Erde zu unserer Mutter gemacht ... willst du Gott, so halte dich an die Welt ... ihr wollt die Ewigkeit finden, nun so dienet der Zeit ...«
Bonhoeffer erinnert an die griechische Sage des Riesen Antäus. Der ist unüberwindbar, so lange er mit der Erde, seiner Mutter, verbunden bleibt. Erst wer einen sicheren Stand auf der Erde hat, kann den Blick hinauf zum Himmel wagen.
In der Begleitung Sterbender heißt das, sich als Begleiter immer wieder bewusst werden zu lassen, auf welcher Seite der Grenze ich stehe.
Der Sterbende geht seinen Weg – er verlässt diese Welt; es ist sein Weg, nicht meiner.
Ich als Begleiter gehe einen ganz anderen Weg: zurück in mein Leben.
Und das ist gut so.

Glaube im Angesicht des Todes
Georg Schwikart

Wir sind ja selbst schuld! »Esst nicht davon, berührt sie nicht!«, hatte Gott gemahnt, damals, als es noch paradiesisch auf Erden zuging. Die Äpfel aber leuchteten weit und breit, die Neugier war groß und das Verbot machte sie noch interessanter. Da half nicht einmal die eindringliche Warnung des Schöpfers: »Sonst müsst ihr sterben!« (1 Mose 3,3) Und sie aßen doch. Wer letztlich dafür verantwortlich ist, soll hier einmal außer Acht gelassen werden.
Sie aßen, aber sie starben nicht. Der Genuss des Apfels tötete nicht wie ein Schierlingsbecher. Sein Gift wirkt viel langsamer: Mit dem Bewusstsein seiner Sterblichkeit – wir nehmen an, dass uns das von Tieren und Pflanzen unterscheidet – quält sich der Mensch seither ab. Tod, das bedeutet Endgültigkeit, Machtlosigkeit, Ungewissheit. Tod, das ist das, was uns von Gott grundlegend unterscheidet.

Biblische Deutungen

Der erste Theologe des Christentums war Paulus. Er bemühte sich, den überlieferten jüdischen Glauben, die Glaubenserfahrungen der ersten Christen, seine persönliche Offenbarung und die philosophischen Ansätze seiner Zeit miteinander in Einklang zu bringen. Wenn Paulus betont, der Tod sei die Folge der Sünde (Röm 5,12), mag das modernen Ohren fremd klingen. Dabei bezieht sich der Apostel doch nur auf die Adam-und-Eva-Geschichte aus der Genesis. Dahinter verbirgt sich die Vorstellung, ohne diesen Zwischenfall im Garten Eden hätte es ein ewiges Leben gegeben – hier und jetzt. Bibelwissenschaftler unserer Zeit mögen uns erläutern, das sei doch nur ein Mythos, der vor Tausenden von Jahren dazu diente, die Existenz des Todes zu erklären. Entscheidend aber ist nicht die Frage, ob die Sache mit dem Apfel historisch ist, sondern, welchen Anteil in dieser Weltdeutung der Mensch selbst am Tod hat. Er hat's verpatzt, er muss es ausbaden.

Theologische Antwortversuche

Die theologische Lösung des Christentums war, den Tod Jesu von Nazareth als entscheidende Wende zu verstehen: »Christus ist für uns gestorben« (Röm 5,6) – nämlich ein für alle Mal. Eine Sühnetat, um die Schuld des Anfangs auszugleichen. Wer ihm nachfolgt, trägt das »Sterben Jesu an seinem Leib« (2 Kor 4,10), er ist dann selbst »der Sünde gestorben« (Röm 6,11). Wer so weit ist, für den kommt es gar nicht mehr darauf an, ob er lebt oder stirbt: »Leben wir, so leben wir dem Herrn, sterben wir, so sterben wir dem Herrn« (Röm 14,8). Doch das Anteilnehmen am Leiden Jesu, das Mitleiden, das Leiden für den Herrn führt auch zum gleichen Ziel: »Wenn wir mit Christus gestorben sind, werden wir auch mit ihm leben« (Tim 2,11). Die theologischen Traditionen haben darüber gestritten, ob die Auferweckung durch Gott eine Gnade ist, ein Geschenk für jeden, oder eine Belohnung für Wohlverhalten. Wer demnach sein Soll nicht erfüllt hat, muss entweder nachreifen im Fegefeuer (wie es die katholische Lehre für möglich hält) oder wird verstoßen in die Ferne Gottes, die Hölle.
Jesus ist gestorben, ganz gleich, wie man das interpretieren mag, doch das ist schon lange her. Die Menschen aber sterben bis auf den heutigen Tag. Wie soll ein Christ damit umgehen? Der »Katechismus der katholischen Kirche«, ein weltweit gültiges Kompendium des römischen Glaubens, formuliert geradezu verklärt:

Mit dem Tod, dem Abschluss des sakramentalen Lebens, beginnt für den Christen die Vollendung der bei der Taufe begonnenen Wiedergeburt – die endgültige »Verähnlichung mit dem Bild des Sohnes« kraft der Salbung durch den Heiligen Geist – und die Teilnahme am Festmahl des Himmelreiches, das in der Eucharistie vorweggenommen wurde. Das gilt auch dann, wenn er noch weiterer Läuterungen bedürfen sollte, um das hochzeitliche Gewand anziehen zu dürfen.

Auch Martin Luther kommt, wenn er vom Sterben spricht, auf das biblische Bild der Wiedergeburt zurück. Etwas pädagogischer als die trockene Dogmatik des Katechismus erklärt der Reformator, wie man das zu verstehen habe, und gibt in seinem »Sermon von der Bereitung zum Sterben« gute Ratschläge für die letzte Stunde. Da heißt es:

Wann so jedermann Urlaub auf Erden gegeben ist, soll man sich dann allein zu Gott richten, da der Weg des Sterbens sich auch hinkehrt und uns führt. Und hier hebt an die enge Pforte, der schmale Steig zum Leben, er ist aber nicht lang, und es geht hier zu, gleichwie ein Kind aus der kleinen Wohnung seiner Mutter Leib mit Gefahr und Ängsten geboren wird in diesen weiten Himmel und Er-

den, das ist auf diese Welt. Also geht der Mensch durch die engen Pforten des Todes aus diesem Leben; und wiewohl der Himmel und die Welt, darin wir jetzt leben, groß und weit angesehen wird, so ist es doch alles gegen den zukünftigen Himmel viel enger und kleiner, denn der Mutter Leib gegen diesen Himmel ist. Darum heißt der lieben Heiligen Sterben eine neue Geburt. Aber der enge Gang des Todes macht, dass uns dieses Leben weit und jenes eng dünkt. ... Also im Sterben auch muss man sich der Angst erwehren und wissen, dass danach ein großer Raum und Freud sein wird.

Populäre Umsetzungen

Kurzum, die offizielle Theologie betont, das Sterben sei nur ein Durchgangsstadium zu größeren Freuden. Diese Aufgabe sei zu bewältigen. Dass aber auch der Gläubige das Sterben nicht mit »Hurra!« erwartet, gesteht Luther zwischen den Zeilen zu, wenn er meint, man solle sich der Angst erwehren. Die Volksfrömmigkeit konnte immer ohne Verrenkungen den eigenen Tod in eine enge Beziehung zum Tod Jesu Christi rücken. Paul Gerhardt dichtete im 17. Jahrhundert seinen Choral »O Haupt voll Blut und Wunden« einem spätmittelalterlichen Hymnus nach, in dem es heißt:

Wenn ich einmal soll scheiden, so scheide nicht von mir.
Wenn ich den Tod soll leiden, so tritt du dann herfür.
Wenn mir am allerbängsten wird um das Herze sein,
so reiß mich aus den Ängsten kraft deiner Angst und Pein.

Erscheine mir zum Schilde, zum Trost in meinem Tod,
und lass mich sehn dein Bilde in deiner Kreuzesnot.
Da will ich nach dir blicken, da will ich glaubensvoll
dich fest an mein Herz drücken. Wer so stirbt, der stirbt wohl.

Hier schöpft der Vertrauende Trost aus der Parallele: »Ich sterbe, doch auch Jesus musste sterben, der höchste aller Menschen. Warum sollte es mir besser gehen als ihm?« Zumal ja Jesus kein »schöner« Tod beschieden war, im Sinne von ruhig und friedlich, sondern der grausame Tod einer Folterung. Doch auch wer weniger spektakulär sein Leben beendet, hat diese – im wahrsten Sinne – einzigartige Aufgabe zu bewältigen. Jeder stirbt nur einmal, und jeder stirbt seinen eigenen, individuellen Tod. Dass dies eine enorme Herausforderung darstellt, gehört zum Erfahrungsschatz der Glaubenden.
Zu den beliebten Liedern, die bei Trauerfeiern gesungen werden, gehört »Wir

sind nur Gast auf Erden«. Da schwingt natürlich die christliche Botschaft mit: »Bedenke, dass du nur vorübergehend hier in Raum und Zeit verweilst«, aber da wird auch die Sorge vor der letzten Stunde nicht ausgespart:

Die Wege sind verlassen und oft sind wir allein,
in diesen grauen Gassen will niemand bei uns sein.

Nur einer gibt Geleite, das ist der Herre Christ,
er wandert treu zur Seite, wenn alles uns vergisst.

Und sind wir einmal müde, dann stell ein Licht uns aus,
o Gott, in deiner Güte, dann finden wir nach Haus.

Meine Großmutter Sibylle kannte diese Lieder auswendig. Sie ging regelmäßig zur Messe und abonnierte die Kirchenzeitung, sie sprach das Tischgebet, hatte sogar einige Jahre als Haushälterin eines Monsignore gedient, und griff immer wieder zum Rosenkranz, in dessen Ave Maria es heißt: »Heilige Maria, Mutter Gottes, bitte für uns Sünder, jetzt und in der Stunde unseres Todes. Amen.«
Aber, als ob dieses Ersuchen kein Gehör gefunden hätte an höchster Stelle, – als es dann so weit war, tat sich Großmutter sehr schwer mit allem, was auch nur einen religiösen Schimmer hatte. Nach dem Schlaganfall zerrte die Verwirrung Großmutter in eine Welt, wo das alles keinen Platz mehr hatte. Unser Angebot, einen Fernsehgottesdienst einzuschalten, lehnte sie unwirsch ab; wenn wir an ihrem Krankenbett beteten, tat sie demonstrativ abwesend, und den Vorschlag, einen Pfarrer mit der Krankenkommunion zu bestellen, beantwortete sie mit Geschimpfe. Eine Frau im Aufstand gegen Gott?

Unterschiedliche Umgangsweisen

Großmutter war kein Einzelfall. Vielen ergeht es ähnlich. Doch auch der umgekehrte Weg ist möglich. Man könnte eine Typologie zum Verhältnis von Glauben und Sterben entwerfen:

- Im Glauben zu leben, und in ihm auch zu sterben.
- Im Glauben zu leben, und ihn im Sterben zu verlieren.
- Ohne Glauben zu leben, und ihn im Sterben zu finden.
- Ohne Glauben zu leben und auch zu sterben, entweder friedlich oder sich wehrend.

Glaube kann eine echte »Sterbehilfe« sein, aber dass er keine Garantie für einen leichten Tod ist, wissen alle, die Sterbende begleiten. Wobei der Aufruhr eines Gläubigen an sich nichts Verwerfliches ist. Vielleicht hadert er

mit Gott, weil er denkt, ihm stünde nach einem christlichen Leben doch wenigstens eine gute Sterbestunde zu – schmerzfrei, schnell und feierlich, getragen vom Bewusstsein, bald in des Vaters Haus eingehen zu dürfen. Wenn sich dann aber das Sterben als langwierig, qualvoll, gar entwürdigend herausstellt und man einsam Abschied nehmen muss, dann ist die Ent-Täuschung wohl verständlich.
Das Ringen mit Gott im Angesicht des Todes ist ein harter Kampf: Im Sterben des Menschen stirbt das Bild eines Gottes, der vom Himmel hoch auf Erden eingreift und alles zum Besten richtet. Allerdings: Die Erfahrung eines tatenlosen und schweigenden Gottes muss nicht zur absoluten Verneinung seiner Existenz führen. Der Sterbende kann auch, wenn alle Hintertürchen verschlossen bleiben und die ganz weltlichen Sicherungssysteme unbrauchbar geworden sind, erkennen, dass nun allein zu sagen bleibt: »Herr, dein Wille geschehe!«

Macht Glaube gesund?

US-amerikanische Untersuchungen der neunziger Jahre gingen der Frage nach, ob religiöser Glaube gesund machen könne. Die Forscher fanden heraus, dass glaubende Menschen im Vergleich zu nicht glaubenden

- Lebenskrisen und Stress besser bewältigen können,
- vor Erkrankungen besser gewappnet sind,
- sich bei Erkrankungen schneller erholen,
- generell gesünder leben,
- sich weniger scheiden lassen,
- den besseren Sex haben,
- eine höhere Lebenserwartung genießen
- und versöhnter mit der Endlichkeit ihres Lebens umgehen.

Diese Ergebnisse ließen sich breit diskutieren. Etwa, ob amerikanische Analysen überhaupt für europäische Verhältnisse aussagekräftig seien, oder auch, ob Religion hier nicht auf ihren Nützlichkeitscharakter reduziert werde, nach dem Motto: »Wenn Glaube etwas ›bringt‹, sollte man seine Segnungen doch abschöpfen.« Schon die alten Römer behandelten ihre Götter nach dem Prinzip »do ut des«, »ich gebe dir etwas, doch dafür erwarte ich eine Gegenleistung«. Oder es wäre zu überlegen, was »gesund« eigentlich bedeutet: Wird es nicht gesunde Kranke und kranke Gesunde geben? Körperliche Gesundheit bedeutet nicht auch schon seelische, und manch einer ist trotz körperlicher Krankheit seelisch gesund ...

Die Problematik reicht also tiefer. Macht erst Gott einen Menschen glücklich – oder ist es vielleicht so, dass der Glückliche leichter einen Zugang zum »lieben Gott« findet? Wie aber wird einer überhaupt zum Optimisten? Die Entwicklungspsychologie hat aufgezeigt, dass ein Mensch, der mit sich im Frieden ist, viele positive Botschaften erhalten hat: »Du bist o.k., du darfst sein, wie du bist!« Die Eltern sind die ersten Götter eines Menschen. Sie beeinflussen seinen religiösen Horizont. Wer nämlich das Gefühl hatte, nicht zu genügen, gar unerwünscht zu sein, der wird wahrscheinlich auch einen Gott verinnerlichen, der als Übervater ein Leben lang erzieht. Ein strafender Gott wird nicht gerade geeignet sein, die Angst vor dem Sterben zu mindern. Ein guter Gott hingegen, der nur darauf wartet, sein Kind in die Arme zu schließen, mag hilfreich sein, die Furcht vor dem Tunnel zu überwinden. Ein unübersichtliches Terrain öffnet sich da. Kann der Glaube nicht auch befreien, gerade wenn die Botschaft des Angenommenseins bisher zu kurz kam? Kann derjenige, dessen Zweifel überwiegen, angesichts der beruhigenden Aspekte eines freundlichen Gottes glauben *wollen*? Und wer sagt überhaupt, wie Gott wirklich ist? Generationen sahen im Herrn der Welt einen strengen Richter; war das falsch? Oder wurde er einfach ausgetauscht gegen ein Schmusepuppengöttchen, weil das dem Zeitgeist einer Selbstverwirklichungsgeneration eher entspricht?

Praktische Erwägungen

Wen interessiert das in der Praxis? Da sind ganz andere Fragen zu klären. Beispielsweise dann, wenn ein Sterbender religiösen Zuspruch wünscht, dem Begleitenden das aber fremd ist. Dieser wird sicher nicht eine Debatte über die Existenz Gottes anfangen, sondern jemanden herbeiholen, der leisten kann, was der Patient braucht. Respekt vor dem Glauben des Sterbenden ist selbstverständlich.

Wie gehe ich aber mit einem Sterbenden um, der mit seinem Gott Krieg führt? Hier ist die Kunst der Gesprächsführung gefragt, die zuhört und aushält, dass jemand unter Umständen so anders denkt und fühlt als man selbst. Nicht meine Sicht der Dinge ist gefragt: Zu den »Rechten des Sterbenden« gehört auch, zu klagen, zu schimpfen, zu verzweifeln. Es ist schließlich keine anerkennenswerte Leistung, gut zu sterben. Mag sein, dass das letztlich eine Gnade ist, mag sein, es hilft das Bewusstmachen der Sterblichkeit als eine Art »Einübung«; sicher aber kann behutsame Begleitung einem Sterbenden helfen.

Welche Fantasie wir selbst vom Übergang und vom »Danach« haben, darüber wird sich jede und jeder schon Gedanken gemacht haben, der im Aufgabenbereich Sterben, Tod und Trauer engagiert ist. Möglicherweise fragt jemand danach, will eine Position hören, um seine eigene damit vergleichen zu können. Dann ist es wichtig, ehrlich zu antworten. Der Fragende spürt, ob wir authentisch – »echt« – sind. Dann muss es weder peinlich sein, an ein ewiges Leben zu glauben, noch unangenehm, zuzugeben, dass man vom Nichts überzeugt sei. Ein Wissen darüber gibt es nicht. Jeder hat seine eigene Sicht.

Ein Bekenntnis lockt das andere

Meine Position ist: Ja!, es gibt etwas hinter dem Schleier. Aber man frage mich nicht, wie das aussieht. In mir brodeln die Widersprüche: Im Himmel steht kein Thron, da gibt es keine Sessel aus Samt (wie Oma Agathe glaubte), da sind keine Hierarchien mehr zwischen den Menschen. Jemand erwartet uns. Dort wird Harmonie sein, Versöhnung, vielleicht feiert man ein fröhliches Mahl. Sicher gibt es ein Wiedersehen mit jenen, die mir wichtig waren und sind: meinen Eltern, meinem Freund Dirk, Großmutter und all den anderen. Und da wird mir Erkenntnis geschenkt sein, Erkenntnis dessen, den ich hier verschämt »Gott« nenne, wohl wissend, wie kläglich dieses Wort ist. Wie Gott aussieht? Absurde Frage. Ich sehe nur Farben. Ich rieche und höre Wunderbares, spüre Wärme. Nur eines ist sicher: Es wird Begegnung sein. – Und »sicher« ist das nur in meinem momentanen Glauben. Der wandelt sich ständig, bis zum Tag der Wahrheit.
Bis dahin möchte ich so gern noch mit meinen Freunden zusammensitzen, Island sehen, einen Roman schreiben, mit der Transsibirischen Eisenbahn von Moskau nach Peking fahren, mit meinen Enkelkindern Sandburgen bauen, Kabarett spielen, die Goldhochzeit feiern und vieles mehr. Wenn es aber heißt, »du bist heute dran«, dann will ich bereit sein und loslassen ohne Groll. Denn das Wichtigste wurde mir schon geschenkt: Ich habe geliebt und ich wurde geliebt.
Vielleicht meint das ja auch Paulus. Seine Worte sind oft bombastisch und man könnte geneigt sein, seine Äußerungen bisweilen für weltverachtend zu halten. Doch drückt sich darin nicht eher seine absolute Hingabe an Gott aus, wenn er schreibt: »Denn Leben, das ist für mich Christus, darum ist Sterben für mich nur Gewinn« (Phil 1,21)?
Es kommt nicht darauf an, dass jeder Christ Paulus' Worte zu seinen macht. Der Apostel hatte seine Erfahrungen, ich habe *meine*: Gott erkennt beide an. Das ist mein Glaube. Ob mir dieses Vertrauensfundament hilft, wenn ich an der Reihe bin, wird sich zeigen. Aber es hilft mir jetzt schon, wenn ich um jene trauere, die mir vorausgegangen sind.

Die Autorinnen und die Autoren

Klaus Aurnhammer, geb. 1960, verheiratet, zwei Kinder, Diplom-Theologe, seit 1991 Seelsorger auf der Palliativstation im St. Michael-Krankenhaus Völklingen. Mitarbeit in verschiedenen Hospizgruppen, Kursleiter Palliativ Care.

Angela Babanek, geb. 1954, Studium der Biologie, nach reichen Familienjahren Studium der Sozialarbeit und gleichzeitig längjährige ehrenamtliche Mitarbeit in einem Hospizverein. Seit 2000 Sozialarbeiterin in einem Altenheim.

Hubert Böke, geb. 1951, verheiratet, zwei Söhne, evangelischer Pfarrer, Zusatzausbildungen: Klinische Seelsorge, Personenzentrierte Gesprächsführung nach C. Rogers, Trauerberatung (Alpha Rheinland), Supervision (Institut für Humanistische Psychologie, Eschweiler). Seit 13 Jahren Klinikpfarrer. Trauerberater und Supervisor mit Schwerpunkt Hospiz. Synodalbeauftragter des Kirchenkreises Leverkusen für Hospiz- und Trauerbegleitung. Buchveröffentlichungen im Autorenteam: »Nach innen wachsen. Ein Begleiter zum Leben und Sterben« (Düsseldorf 1999) und »Trauer ist ein langer Weg« (Düsseldorf 2000).

Martina Kern, geb. 1962, ist examinierte Krankenschwester. Berufliche Schwerpunkte seit 1990: interne und externe Fort- und Weiterbildungstätigkeit mit dem Schwerpunkt Schmerztherapie, Symptomkontrolle, Pflege und Begleitung von Patienten mit Tumorerkrankungen, Mitautorin des Curriculums Palliative Care und Leitung von Palliative Care Kursen. Ist Vorstandsmitglied der Deutschen Gesellschaft für Palliativmedizin und seit 2001 Gastprofessorin am Institut für interdisziplinäre Forschung und Fortbildung der Universitäten Klagenfurt, Wien, Innsbruck und Graz (IFF) in Wien.

Beate Krieger-Spohr, geb. 1961, verheiratet, drei Kinder, Diplom-Theologin, systemische Familientherapeutin und Supervisorin, freiberuflich tätig, u.a. in der Aus- und Fortbildung von Hospizmitarbeitenden und Pflegekräften. Leitung eines Gesprächskreises für Pflegende Angehörige und von Trauergesprächsreihen.

Monika Müller, geb. 1947, Mutter zweier Töchter, Magister Artium, Studium der Philosophie, Pädagogik und Literaturwissenschaften. Fachweiterbildung zur Therapeutin für integrative gestaltorientierte Verfahren und zum Supervisor in Clinical and Pastoral Fields (University of Jerusalem). 10 Jahre Leitung einer kirchlichen Erwachsenenbildungseinrichtung. Seit 1992 Leiterin der Ansprechstelle im Land NRW zur Pflege Sterbender, Hospizarbeit und Angehörigenbegleitung (ALPHA Rheinland). Mitglied des geschäftsführenden Vorstands der Bundesarbeitsgemeinschaft Hospiz.

Matthias Schnegg, geb. 1947, ist Pfarrer im Erzbistum Köln, Mitbegründer und langjähriger 1. Vorsitzender des Hospiz in Frechen e.V. Ausbildung als Psychodramaleiter. Arbeitet als Pfarrer, Seelsorger, Psychodramaleiter, Therapeut, Supervisor und Exerzitienleiter im Bereich der Kirche, der Hospizbewegung (Deutschland, Österreich und Slowenien), medizinischen Einrichtungen.

Georg Schwikart, Dr. phil., geb. 1964, verheiratet, zwei Kinder. Studium der vgl. Religionswissenschaft, Theologie und Volkskunde in Neuburg/Donau, Bonn und Tübingen. Fünfjährige Tätigkeit als Trauerredner. Seit 1996 freier Schriftsteller und Publizist, zahlreiche Veröffentlichungen. Schreibt Sachbücher und Belletristik für Erwachsene, Jugendliche und Kinder; Vorträge und Lesungen, Beiträge für den Rundfunk.

Michael Spohr, geb. 1961, verheiratet, drei Kinder, Diplom-Theologe und Diplom-Psychologe, Pastoralreferent im Erzbistum Köln, neun Jahre Gemeindearbeit, seit vier Jahren Referent für Caritas und Pastoral im Kreisdekanat Erftkreis. Approbierter Psychotherapeut, Supervisor und Organisationsberater mit eigener Praxis. Ausbilder in der GwG und der Deutschen Gesellschaft für Pastoralpsychologie. Vorstandsmitglied eines großen Caritasverbandes. Mitinitiator der Hospizbewegung im Erftkreis, verantwortlich für die Befähigung und Begleitung der über 400 Ehrenamtlichen in acht Hospizvereinen und deren Zusammenschluss. Schwerpunkt im Bereich der Trauerbegleitung, z.Zt. Freistellung zur Promotion zum Thema »Nachgehende Trauerbegleitung«. Mitarbeit im Herausgeberbeirat der »Hospiz-Zeitschrift«, verschiedene Veröffentlichungen zu pastoralen und psychologischen Themen. Verstorben im November 2001 (siehe Seite 8).